O Mundo Espiritual
Descrito pelos Moradores

LUIZ SÉRGIO
MÉDIUM: ELSA CANDIDA FERREIRA

O Mundo Espiritual
Descrito pelos Moradores

MADRAS®

© 2021, Madras Editora Ltda.

Editor:
Wagner Veneziani Costa (*in memoriam*)

Produção e Capa:
Equipe Técnica Madras

Revisão:
Jerônimo Feitosa
Arlete Genari

**Dados Internacionais de Catalogação na Publicação
(CIP)(Câmara Brasileira do Livro, SP, Brasil)**

Sérgio, Luiz (Espírito)
O Mundo Espiritual Descrito pelos Moradores/ditado pelo Espírito Luiz Sérgio; [psicografado por] Elsa Candida Ferreira. – 1. ed. – São Paulo: Madras Editora, 2021.

ISBN 978-65-5620-024-8

1. Espiritismo 2. Evolução espiritual 3. Psicografia 4. Reencarnação 5. Vida espiritual I. Ferreira, Elsa Candida. II. Título.

21-72240   CDD-133.9013

Índices para catálogo sistemático:
1. Mundo espiritual: Espiritismo 133.9013
Aline Graziele Benitez – Bibliotecária – CRB-1/3129

É proibida a reprodução total ou parcial desta obra, de qualquer forma ou por qualquer meio eletrônico, mecânico, inclusive por meio de processos xerográficos, incluindo ainda o uso da internet, sem a permissão expressa da Madras Editora, na pessoa de seu editor (Lei nº 9.610, de 19/2/1998).

Todos os direitos desta edição reservados pela

MADRAS EDITORA LTDA.
Rua Paulo Gonçalves, 88 – Santana
CEP: 02403-020 – São Paulo/SP
Tel.: (11) 2281-5555 – (11) 98128-7754
www.madras.com.br

O Mundo Espiritual Descrito pelos Moradores

É chegado o tempo de fornecermos informações mais precisas e esclarecedoras sobre o habitat dos irmãos que deixam o plano terreno por força da desencarnação.

Sempre se ouviu dizer que ninguém voltou para contar. Pois bem, eu estou voltando há várias décadas, revelando coisas que até então só superficialmente foram relatadas.

Por que a demora? – perguntarão. Eu e alguns irmãos que se interessaram pela proposta desta nova obra responderemos que somente agora, neste período de mudanças profundas no psiquismo humano e de implantação no meio terreno de tecnologias novas – já conhecidas no plano espiritual –, sentimos que a sociedade terrena, em pequena parte, encontra-se aberta e preparada para novas informações.

Sabemos que o tempo, por si só, não é suficiente para preparar o terreno mental das criaturas para a recepção e o entendimento das novidades que extrapolem o limite da compreensão. Mas, como sinal dos tempos, temos recebido do Alto a orientação necessária para colocar os irmãos encerrados na carne densa a par da realidade extrafísica e extracorpórea que se desenrola em regiões densamente povoadas do mundo conhecido como espiritual. Consideremos que todos os planos do Universo – incluindo o terreno – são habitações coletivas de espíritos que transferem sua energia aos corpos de densidade variada.

Os Espíritos povoam o Universo e se manifestam de acordo com o potencial de inteligência mais ou menos desenvolvida. Pesa-lhes a condição do senso moral que conduz o livre-arbítrio na direção que considere conveniente ou agradável. Tudo é vida, tudo pulsa e se transforma no Universo criado por Deus.

É sobre essa vida, em que condições ela se desenvolve e se desdobra que iremos trabalhar o raciocínio do leitor nesta obra que iniciamos para dar continuidade às informações ventiladas na obra anterior (*Novas Colônias Espirituais**), em que descrevemos locais de refazimento para alguns, de continuidade do aprendizado para outros e de tempo de espera para novos cometimentos na carne para outro tipo de espíritos, necessitados todos de crescer e de evoluir.

Luiz Sérgio, 25 de dezembro de 2014

---

* N.E.: Publicada pela Madras Editora.

 **1**

A Morte Não Existe

O choro copioso e desconsolado ao lado do ataúde do ser amado, que se supõe desaparecido para sempre, é uma situação que não se justifica neste estágio em que estamos de razoável conhecimento espiritual. Digo razoável quando considero que poderia ser maior, pleno de informações enriquecedoras sobre o mundo que aguarda o desencarnado assim que se desfaz do peso adicional do corpo de carne, ficando de posse de outros tantos corpos que lhe serão úteis em outros mundos e outras situações.

– Fechar os olhos para o mundo terreno é abri-los para outras realidades – acrescentou Honório, um companheiro bastante abalizado no que se refere à vida que prossegue após a morte.

– Sim, amigo – concordei com ele incentivando-o a prosseguir ao meu lado oferecendo sua preciosa contribuição. Entre nós tem sido assim, jamais escrevemos uma obra totalmente sozinhos sem que a ela se associem outros amigos, sejam mentores ou apenas companheiros de jornada imbuídos do mesmo ideal.

Não cultivamos personalismos nem nos preocupamos com os direitos autorais que também existem em nosso meio, sem que se prendam tanto à remuneração, mas à responsabilidade do autor pelo que escreve. Sendo assim, é fácil arranjar colaboradores idealistas que não precisam ser cristãos-espíritas como pensa a maioria dos encarnados. Todo auxílio é bem-vindo e todo argumento sério e criterioso pode ser postado em obras sérias, como a nossa tem pretensão de ser.

Homens de ciência voltados para o campo científico podem ser eficientes tradutores da realidade espiritual, sem que sejam profitentes de uma ou de outra religião. Nosso entendimento está se alargando e desejamos que os irmãos na carne participem desse sopro venturoso de liberdade que se estabelece entre nós.

– Liberdade com responsabilidade – concordamos prontamente, Honório e eu.

Uma das dificuldades em descrever o mundo espiritual é o fato de que as colônias, situadas em dimensões próximas ou distantes, abrigam moradores em diferentes estágios de evolução que promovem variações significativas na realidade social. Como exemplo, a título de aprendizagem, citaremos os países do chamado primeiro mundo terreno em comparação com as nações ainda em desenvolvimento. Quanta diferença cultural, econômica, política e social existe entre os blocos que distinguem cada continente entre si e até dentro dos mesmos continentes!

Ressalvadas as condições especiais, podemos entender que o mundo espiritual não é um único bloco coeso e que as referências válidas para uns não podem ser estendidas para todos. Tal fato levou os reveladores da novel Doutrina a fazer especificações detalhadas, citando nominalmente as cidades ou colônias, o que deu um aspecto de colcha de retalho ao mundo espiritual.

Kardec, em sua obra de magistral importância *O Livro dos Espíritos,* fez uma ressalva no mesmo sentido: cada entidade espiritual revela o mundo que conhece e do qual faz parte, passando a impressão de que sua visão é abrangente, quando de fato é bem limitada e restrita ao espaço-tempo em que as coisas acontecem.

Apesar de tais ressalvas o mundo dos espíritos é bem consistente e apresenta similaridade com o mundo terreno. Vamos explicar melhor como isso acontece. O mundo espiritual é preexistente ao plano terreno e pode ser considerado como a matriz desse último. Encarnados, os espíritos reproduzem na Terra o que conheceram anteriormente e lhes fixou no inconsciente. A reprodução é imperfeita porque faltam os conhecimentos e a tecnologia mais desenvolvida da sociedade espiritual. Com o passar do tempo a imaginação do encarnado pode se abrir e ele faz descobertas consideradas espetaculares, mas que não passam de recordações despertadas do inconsciente onde jaziam adormecidas por força da encarnação.

É assim que passo a passo o nível cultural terreno se eleva e se torna mais parecido com o espiritual que, por sua vez, também evolui, também pesquisa e faz descobertas que futuramente chegarão à sociedade terrena. Essa colocação, entendemos, destrói o antigo conceito de milagre e de sobrenatural ainda proposto por algumas religiões. Afirmamos que tudo evolui a partir da inteligência humana atuando sobre as leis naturais, cumprindo a afirmação de Jesus de que somos deuses potencialmente, de que podemos fazer brilhar a luz da inteligência que existe em nós.

Ao desencarnar e adentrar o mundo dos espíritos a pessoa descobre que ainda tem um corpo sólido e consistente como o de carne, capaz de ter sensações humanas, como fome, frio, dor, emoção... Enfim, todos compreendem que a vida continua e, salvo exceções, percebem que são os mesmos indivíduos que ainda amam, pensam, odeiam e têm necessidades básicas que procuram satisfazer.

"**Não vivemos ao relento**" – revelam os indivíduos convidados para noticiar à família a situação em que se encontram. "**Temos moradias e, algumas vezes, somos acolhidos por familiares que nos aguardam na hora da passagem.**"

Outros, por se sentirem ainda enfermos, portadores de sequelas que os acompanharam no corpo espiritual, contam que ficaram hospitalizados e foram submetidos a tratamentos especializados até obterem a cura total. Alguns relatam que o tratamento foi ou será prolongado.

Surpreende os espíritos a semelhança com a vida que levaram no mundo físico. Tal estranheza deve-se ao despreparo para o evento da morte física, em que o indivíduo se despoja apenas de um corpo, restando-lhe outros corpos que serão revelados paulatinamente enquanto evolui.

As obras enviadas ao plano terreno pela mediunidade de Chico Xavier tornam o pensamento de Kardec mais explícito e abrangente. É preciso que tais livros sejam estudados com cuidado e com critério, para que não se percam as preciosas informações contidas nas entrelinhas. O autor espiritual André Luiz descreve a formação de um novo corpo – ao tratar da desencarnação de Dimas – quando uma substância vaporosa se desprende no momento da liberação da alma de **"Dimas"** dando origem a um novo corpo – o corpo espiritual. Para melhor entendimento recomendamos a leitura da obra *Obreiros da Vida Eterna*, do autor espiritual André Luiz, psicografado pelo médium Chico Xavier, capítulo XIII.

A Doutrina Espírita foi enviada por Jesus para que os encarnados tomassem ciência do que acontece quando o corpo de carne entra em falência total. É então que a alma, liberta, dirige-se para outras regiões do Universo, cada região condizente com o grau de evolução do espírito desencarnante, corroborando a afirmação de Jesus de que na casa do Pai há muitas moradas.

Mais uma surpresa que relatam os irmãos à família é o fato de não ficarem dormindo. Tão logo readquirem as forças, colocam-se de pé e pedem para trabalhar. Com alguma exceção todos desejam partir para a ação, pois tanto na Terra como no espaço os seres humanos precisam exercitar a musculatura para que não fique entorpecida, o que os condenaria a uma "fisioterapia" prolongada.

Os idosos e enfermos muito impressionados com os sintomas das doenças físicas têm recuperação mais demorada. Para eles existem clínicas especializadas.

– O ideal seria ter a mente aberta, Luiz Sérgio!

– Com certeza, Honório, tudo depende da mente para reagir melhor a essa transição obrigatória. As pessoas de têmpera frágil gastam boa parte do tempo levantando questionamentos. Somente após verem respondidas suas perguntas é que se colocam de pé, prontas para a nova realidade.

– Foi assim comigo – confidenciou Honório. – Desencarnei muito jovem e custei a aceitar que havia deixado para trás pessoas importantes em minha vida, entre as quais destaco minha mãe e uma namoradinha...

– Entendo sua dificuldade, Honório, bem semelhante à minha. Tive a me ajudar algum preparo espiritual que facilitou minha adaptação. Mas foi a saudade dos meus que me estimulou a escrever para os encarnados.

– Hoje, você ainda escreve movido pela saudade? – questionou o curioso amigo.

– Não mais, meu amigo. Com o passar do tempo descobri outros objetivos na vida. O afeto à família e amigos a gente guarda no coração e dele não se desfaz jamais. No entanto, a gente cresce e abraça objetivos universais como a divulgação do Evangelho e a prática do bem, na assistência espiritual que providenciamos para encarnados e desencarnados.

– Foi assim que você conseguiu formar um grupo de amigos "radicais" deste lado!

– Pois é, tenho uma enorme família espiritual.

– Você tentou mostrar para os encarnados as diferenças e semelhanças entre as duas realidades?

– Sim, Honório, e a família tratou de organizar um livro com minhas mensagens: *O Mundo que Eu Encontrei*. Sempre me apaixonou a novidade de um mundo tão semelhante ao terreno e ao mesmo tempo com diferenças essenciais.

– Você sentiu que seu corpo era o mesmo?

– Sem o que tirar nem pôr. Logo após o acidente voltei ao meu lar para avisar que estava tudo bem e que saíra ileso daquela situação. Ao perceber a agitação dos familiares e amigos que não atinavam com minha presença fui compreendendo a realidade. A presença de um familiar desencarnado completou o quadro de informações e, juntos, seguimos para o plano espiritual.

– Você já observou que a semelhança entre os dois corpos, físico e espiritual, tem sido fator de confusão?

– É um dos fatores desencadeantes de dúvida. Como o desencarnante não participou da formação do corpo espiritual, que acontece sempre movida por automatismo inconsciente, ele se apega ao corpo físico como referência. Quando este não está modificado por uma doença, uma mutilação ou algo semelhante, o desencarnante continua confuso, necessitando em alguns casos de reuniões em casas espíritas onde um doutrinador encarnado se encarrega de fazê-lo notar alguma diferença. É mais uma caridade que a prática do Espiritismo realiza.

– O novo corpo pode refletir enfermidades sofridas na Terra? Podemos dizer isso aos encarnados?

– Agora podemos abrir o jogo para os encarnados. Como se diz entre nós, Honório, gozamos de maior credibilidade em nossa pátria, entre os brasileiros. Analisando bem, veremos que os indígenas acreditavam na imortalidade da alma e nas ações dos espíritos sobre os homens. As crenças importadas do continente africano falavam claramente da influência dos espíritos. Os descendentes dos europeus, afeitos ao Catolicismo, foram se acostumando com as ideias. Hoje se fez uma mistura feliz de influências. Acho que ideias materialistas não prosperarão por muito tempo entre um povo com características tão diversas, bem propensas ao espiritualismo.

– Luiz Sérgio, você fez um relato fiel do que viu e ouviu naqueles primeiros tempos de desencarnado?

– Sempre fui muito verdadeiro, amigo. Os mentores, porém, recomendaram que nada escrevesse que pudesse perturbar o equilíbrio dos irmãos na carne. Hoje as possibilidades são outras: nosso povo está mais esclarecido, estuda um pouco mais e tem acesso a boas fontes de informação.

– Tem a cabeça mais bem preparada para absorver informações consistentes sobre o mundo espiritual. Até as religiões mudaram um pouquinho o seu modo de enfocar tais assuntos.

– É isso, Honório. Comecei minha vida como repórter do além descrevendo o solo, a água, o ar, enfim, o ambiente físico do mundo espiritual. Agora, sob orientação superior, posso avaliar as relações pessoais e a forma como os desencarnados se comportam e experienciam a vida em um plano de matéria menos densa.

 2

As Moradias

Outro motivo de assombro para os recém-libertos do corpo físico é a aparência das construções nas colônias, bastante semelhante às do plano físico, com alguma especificidade como é de se esperar.

O padrão das moradias difere de lugar para lugar, de acordo com a finalidade a que se destinam. Existem prédios grandiosos de belíssima arquitetura e moradias simples, domicílios confortáveis para a população. Há pessoas que podem adquirir uma propriedade fazendo uso de financiamentos; outras preferem alugar. Um meio-termo são as moradias comunitárias, que abrigam um grupo de amigos ou amigas que se encontram desvinculados da família. As escolhas dependem dos projetos pessoais e familiares dos moradores. Tudo o que acabamos de citar revela a possibilidade financeira dos moradores – resultante do trabalho remunerado. Em *Nosso Lar*, do autor espiritual André Luiz e psicografia de Chico Xavier, o tema bônus hora é mais bem detalhado e serve de referência para o entendimento do que acontece em outras colônias.

Os cidadãos são estimulados a oferecer abrigo aos familiares desencarnados que forem retornando, existindo até um bônus da parte da administração central para quem contribuir para a ordem e organização social. Uma população flutuante, em larga escala, poderia desorganizar a cidade.

– Assim como fazem os turistas em colônias de férias – pontuou Honório que ainda permanecia ao meu lado.

– Acostumados à rigidez do plano terreno no que se refere à fixação dos moradores, poderia ser preocupante para os governantes um vaivém constante de pessoas que seriam úteis como mãos de obra na lavoura, no comércio, na indústria e em outros setores de serviços.

– Por isso existem colônias que se especializam em receber pessoas que se destinam a tratamentos específicos ou que estejam em compasso de espera para reencarnar ou mudar-se para outra cidade de forma permanente – lembrou Honório.

– Eu passei por uma situação assim, amigo, quando cheguei a um abrigo provisório antes de fixar residência no mundo espiritual. Reconheço que há certa mobilidade neste nosso mundo; a população para ser produtiva precisa residir onde tem trabalho, escolas, hospitais (o corpo espiritual ainda adoece!), prédios públicos e prestação de serviços.

– Portanto, a cidade tem que ser organizada e administrada com critério, da forma como os moradores terrenos gostariam que fossem as suas cidades. O gosto pelo belo permanece no subconsciente e quando o ser reencarna, procura retratar no meio terreno as mesmas condições. Muitas cidades bem organizadas com arquitetura distinta lembram algumas cidades do Além!

– Você tem razão, Honório. O plano terreno é cópia do espiritual, às vezes bem imperfeita. Por vezes, alguns desencarnados reproduzem no mundo espiritual cópia do mundo empobrecido em que viveram, como favelas e outros casebres da periferia, promovendo a formação de pequenos núcleos. Muitos núcleos deram origem a colônias bem cuidadas, quando pessoas do nosso meio se interessaram pelo desenvolvimento deles. A história não registra a mesma ocorrência no plano físico?

– Sim, temos a grande metrópole paulista que se originou de simples vila! E outras mais que poderíamos citar se fizéssemos uma incursão pela história do Brasil. Você citou em seu livro a origem do Núcleo São Sebastião.

– Tanto na Terra como por aqui precisamos do empenho e da inteligência dos governantes para manter o ambiente funcional.

*

Que os leitores não se escandalizem com nossas informações, principalmente os espíritas acostumados com a ideia enganosa de que tudo é plasmado pela força do pensamento no mundo espiritual.

Entendemos que o Universo é o resultado do pensamento criador de Deus; nós, seus filhos pequenos, ainda precisamos calejar as mãos para trabalhar o solo, lançar as sementes e ver o arbusto brotar transformando-se no necessário alimento. Os produtos da indústria são feitos por maquinaria engenhosa que seria inútil descrever. O comércio é fonte de renda para uma classe distinta de negociantes.

Quando o espírito sem preparo desencarna e chega a este mundo, choca-se com a realidade que encontra e alguns chegam a duvidar de que tenham passado pelo fenômeno da morte. Alguns se traumatizam tanto psicologicamente que começam por negar a realidade, interpretando tudo como fruto de sua mente e permanecem durante longo período em estado de semilucidez.

Nesse caso é feita uma campanha de esclarecimento utilizando recursos de nossa ciência e tecnologia para elucidá-los. O problema é que são numerosos e o mundo espiritual não conta com tarefeiros suficientes para atender o grande volume de almas que aporta de diferentes regiões e com diversas condições mentais. Avaliemos os que aqui chegam após mortes violentas em regiões de guerra!

Ajudaria muito se os moradores terrenos fossem mais bem esclarecidos, se as pessoas buscassem algo mais além das distrações infantis e passageiras.

As tarefas de psicografia, quando convidam desencarnados para o intercâmbio com familiares e amigos, colaboram com sucesso para que o desencarnado desentranhe as suas lembranças e encontre o seu lugar no mundo do Além. Não podem negar que levou uma vida no mundo físico quando uma esposa, um companheiro, filho ou irmão estão pedindo notícia.

Nossa equipe por vezes surpreende esses irmãos quando os procura, e se surpreende também quando verifica o drama do esquecimento parcial ou total que eles manifestam, ao dizer que não se lembram do solicitante. Nesse contexto só nos resta auxiliar o espírito com proposta de tratamento especializado, incluindo visitas noturnas aos lares para que se desbloqueie a memória antes que o pedido possa ser atendido.

Os médiuns são nossos colaboradores – são parte importante da equipe. Em reuniões noturnas trocamos informações, conversamos com os irmãos requisitados e mostramos a eles que a vida passada existiu e que a perda da lembrança será passageira. Idêntico tratamento também recebem as pessoas que desencarnam com Alzheimer, moléstia que afeta os neurônios do corpo físico e por vezes do espiritual.

Entendemos que somente quando a evolução espiritual se refletir nos corpos que envolvem o Espírito, os seres encarnados terão lembrança geral das vidas pregressas, pelo menos no que tange aos lances essenciais necessários ao aproveitamento das novas experiências. É preciso evoluir para abrir a lembrança dos fatos passados na integralidade; por enquanto, temos que nos contentar com pequenos lampejos do que fomos e do que fizemos.

O esquecimento de vida passada a que se reporta *O Livro dos Espíritos* é uma necessidade para o indivíduo que reencarna em situação de expiação; em condição diversa, com um corpo menos denso e uma alma mais fortalecida, o indivíduo sentirá menor oposição às recordações que forem úteis ao seu adiantamento e ao progresso da sociedade que o abrigar.

No plano dos indivíduos terrenos, notamos heterogeneidade gritante no meio social em que prosperam atitudes visíveis de inteligência e senso moral, ao lado dos vícios, das agressões violentas e do desvirtuamento dos costumes. As comunidades espirituais passam por maior seleção na recepção e no encaminhamento dos moradores, e os excessos indesejáveis do comportamento são coibidos e controlados por equipes de segurança que garantem com eficiência a tranquilidade do plano "físico" em que se encontram. Explicamos que mesmo se tratando de mundo espiritual haverá sempre um solo onde se assentam as cidades, portanto é a esse território que chamaremos de plano físico espiritual.

Sendo as pessoas diferentes entre si, erguerão cidades distintas com moradias diferenciadas nos padrões, mas serão sempre condizentes com as necessidades básicas dos indivíduos que continuam carecendo de abrigo e proteção.

Para o levantamento das moradias são empregadas construtoras que contratam diferentes profissionais que se responsabilizam por erguer paredes, construir a parte hidráulica e elétrica, utilizando tecnologias que o homem terreno desconhece e que estão sendo introduzidas devagar em comunidades de maior recurso. Em breve, veremos despontar no meio terreno algumas tecnologias mais aprimoradas, trazidas por mentes brilhantes que se "recordarão" do que viram no mundo espiritual.

Nos planos inferiores do Astral onde se reúnem espíritos afeitos ao mal, as moradias são casebres e não existem recursos como saneamento básico e energia; os irmãos ali aquartelados são incapazes de projetar uma cidade com arruamento e arquitetura bonita e funcional. Alguns desses redutos lembram o atraso de cidades medievais antes que fossem atingidas pela onda de progresso que varreu o solo europeu após a idade moderna.

Se nos fizemos entender, ficou claro que o progresso dos espíritos está condicionado às vertentes que a Doutrina Espírita explicitou: inteligência e sabedoria. Quando evolui nesses dois quesitos, o espírito trabalha o habitat terreno com maior discernimento e aprimora o meio em que reside levantando construções sólidas, bonitas e confortáveis, dentro de invejável padrão urbano, tanto na Terra como no mundo que é chamado de espiritual, mas que em essência é mais um tipo de morada da casa do Pai.

Existem moradias de Espíritos Superiores localizadas em ambientes de grande beleza, retratadas para os encarnados como o céu ou o paraíso. Dessas regiões de intensa luz chegam notícias quando emissários de Jesus visitam nosso meio trazendo orientações do Mestre.

Assim como na Terra, os habitantes das colônias mais modestas fazem uso da fé e da imaginação quando pensam em Jesus e no séquito dos Espíritos que atingiram a glória da convivência com Entidades superiores, que fizeram a síntese dos conhecimentos e das virtudes e clarearam ao máximo a túnica espiritual.

Ainda estamos a caminho da santificação pessoal, estimulados pelos preceitos evangélicos que garantem que somos potencialmente deuses e que poderemos, no porvir, atingir a perfeição a que fomos predestinados.

Vários mensageiros vieram ao planeta antes e depois de Jesus, pregando a mensagem crística que realça o preparo no campo da moral e inteligência, que retira o ser da animalidade e o introduz definitivamente no terreno dos filhos de Deus. Em princípio, éramos criaturas de Deus que, absorvendo as emanações do pensamento divino, fomos nos transformando em filhos, detentores dos dons da inteligência, bondade e sabedoria a exemplo de Jesus Cristo, nosso mestre e senhor, modelo de graça e perfeição.

Outros Espíritos de luz são reverenciados pelos homens terrenos, numa aparente subtração ao nome venerável de Jesus. Aos poucos, com o decorrer do tempo, as pequenas luzes se fundirão em uma só formando um luzeiro de infinito esplendor que refletirá a face do Criador, único, sábio e santo!

As várias religiões são vários caminhos adaptados ao nível do entendimento humano. As pessoas se posicionam no caminho que elegerem, que as faça seguras e norteie suas atitudes no plano físico, respeitados a cultura e o entendimento de cada povo.

A Paternidade Divina regerá a todos de forma livre e respeitosa, aguardando o resultado final que será a harmonização de todos os filhos ao redor do mesmo Pai. Não se justificam perseguições em nome da religião; não há culto algum que se sobreponha aos outros cultos em poder e santidade. Todos são simples caminhos, sendas mais ou menos seguras que perseguem um objetivo – a espiritualização do ser humano –, que se despojará da materialidade até que seja capaz de cultuar a Deus em espírito, da forma que Jesus fez e ensinou a fazer.

Nesse tempo futuro não serão necessários os rituais e expressões exteriores porque conviveremos com o Deus que habita em nós!

Jesus, há milênios passados, antecipou situações que ainda estão por se realizar, fato que demonstra ter sido nosso Mestre um Espírito que veio do futuro da humanidade. Ele é o nosso Futuro, aquele que haveremos de ser quando formos mais crescidos, deixando para trás o estágio de crianças espirituais que ainda somos.

*

As moradias desconfortáveis construídas pelos irmãos que vivem em estado errante, distanciados do atendimento de alguma colônia, servem de abrigo até o momento em que são percebidos pelos serviços de vigilância, quando são convidados para se juntar aos moradores fixos da cidade mais adequada.

Por que isso acontece?

Porque esses irmãos desencarnaram de forma aleatória, não encontraram no Além a acolhida que desconheciam ou não fizeram por merecer. Alguns são rebeldes, abusados e constituiriam problema onde quer que chegassem e se reunissem. A Espiritualidade os observa e gerencia o comportamento deles, somente interferindo quando a situação for oportuna.

Samaritanos e outros grupos encarregados da segurança da região percorrem os lugares já conhecidos e estudam a melhor possibilidade de integrar esses núcleos à "civilização" do mundo espiritual, fato semelhante à integração dos povos indígenas à cultura civilizada, sem o agravante da violência.

Como se percebe, ocorrências do mundo físico repercutem no território espiritual e vice-versa. Se os homens são os mesmos, por que haveria de ser totalmente diferente o modo como convivem? A diferença estaria no corpo denso?

Explicamos que o corpo espiritual, em certos casos, é também bastante denso, de tal forma que nessas comunidades que descrevemos as pessoas se identificam como encarnadas e não têm a mais leve noção da reencarnação.

Em obra anterior (*Novas Colônias Espirituais*), fizemos referência a um vilarejo muito pobre em tecnologia e conforto que recebeu auxílio de uma jurisdição superior e foi transformado em Colônia São Sebastião.

No início era um aglomerado de pessoas simples coordenadas por um líder; precisavam integrar-se ao mundo espiritual para usufruir de todas as possibilidades que o meio oferece. Chegou para eles uma era de progresso: tiveram acesso a novos recursos para a agricultura, para a produção de manufaturas e aquisição de outros bens de consumo. Muita ajuda veio do Alto; mentores estavam preparados para transformar o pequeno vilarejo em cidade próspera e hospitaleira; por se situar em região estratégica abrigaria desencarnantes da região do Recôncavo Baiano e adjacências. Como os moradores tinham tradição católica, a presença de João Paulo foi muito importante para estabelecer relação de confiança.

Dados os primeiros passos, a nova administração seguiu o protocolo de conduta dos administradores vizinhos e tornou-se um próspero abrigo para antigos e novos moradores, que continuaram a viver de forma muito semelhante à que deixaram no plano físico. Crianças nasceram e ampliaram as famílias. A vida se tornava, dia a dia, mais semelhante à realidade terrena de tal forma que as reminiscências aos poucos foram sendo diluídas, fazendo que o tema "vida após a morte" causasse o mesmo impacto que ainda provoca em alguns encarnados terrenos.

Não pensem os irmãos espíritas que o plano espiritual seja cem por cento habitado por almas que se espiritualizaram ao grau máximo. Há uma gama variada de religiões, de adeptos das várias crenças conhecidas no plano terreno e até de materialistas – pessoas que não aceitam outra realidade senão aquela que podem captar pelos sentidos. Quando vão mudar? Somente quando se lhes abrir o entendimento, o que pode ocorrer após vários renascimentos em uma das moradas do Universo.

Com sabedoria o Criador providenciou para que os espíritos tivessem tantas vidas no corpo quantas necessárias. A população dos espíritos que se encontram na esfera de ação de nosso planeta é muito numerosa e heterogênea, existindo os mais antigos e os que estão adentrando a fase hominal, mais carentes de aprendizado e experiência de vida.

A tarefa de educação dos espíritos é bem complexa nos dois planos. Os irmãos mais adiantados devem facilitar o aprendizado de quem está abrindo os olhos para a realidade espiritual.

Estejam preparados os cristãos de boa vontade para dar continuidade ao processo de evangelização das almas, que deve ocorrer sem solução de continuidade, de forma ininterrupta, até que atinjam a perfeição.

Referimo-nos à obrigação dos cristãos de forma geral sem especificar qualquer segmento. Somos todos discípulos do Mestre, até mesmo os indivíduos que professam outros credos. Entendemos que na origem de todo o Bem estão o Pai Criador e Jesus, um Mestre que distribui as riquezas espirituais com generosidade.

 **3**

O Solo Planetário

A chegada ao plano espiritual é surpreendente para a maioria das pessoas. O despreparo as faz pensar que o mundo dos espíritos nada ou quase nada tem de sólido. Enganam-se nesse quesito, como em quase tudo o que diz respeito ao mundo habitado pelos espíritos. É um mundo sólido, consistente, com configurações semelhantes ao terreno: solo, ar, água, rios, lagos, árvores, animais silvestres e animais domesticados pelos homens. Se assim não fosse haveria um choque muito grande de adaptação, passível de perturbar o psiquismo humano na delicada fase do retorno.

A ocorrência do desencarne desembaraça o indivíduo de um corpo de carne por vezes enfermo, denso, pesado. O Espírito, chama que deu vida ao corpo, se desliga e acompanhado do perispírito se dirige para outra dimensão conhecida simplificadamente por mundo espiritual. É um mundo formado de matéria diferenciada que abriga seres materiais, desde que se entenda que a matéria é capaz de vibrar de diferentes maneiras sem deixar de ser matéria.

A ciência terrena está esboçando esse pensamento quando se refere aos universos paralelos. Kardec, em *O Livro dos Espíritos*, afirma que não há vazios no Universo, que todos os espaços estão preenchidos e habitados. É preciso um pouco mais de tempo para que tudo se esclareça e o homem terreno adquira conhecimentos que por enquanto se encontram em caráter embrionário.

O corpo espiritual que se formou sob condução espontânea do corpo mental no ato de desencarnar vai exigir um solo adequado onde possa se apoiar e movimentar, deitando por terra a concepção enganosa de "anjos voadores" que saem volitando pelo espaço afora e se perdem nas dimensões siderais. Não, o corpo espiritual não adquire propriedades miraculosas de um momento para o outro.

É preciso tempo e trabalho pessoal na luta pelo aperfeiçoamento íntimo para que a vestimenta do espírito (a túnica espiritual) se torne diáfana e brilhante, capaz de ser atraída para o Alto em busca de lugares superiores. Enquanto isso não acontece, visto que a perfeição demanda tempo, os espíritos gravitarão em torno da moradia terrena, trabalhando o solo e a indústria no afã de adquirir mais conhecimentos e mais sabedoria, renascendo e desencarnando tantas vezes quantas forem úteis para o seu aperfeiçoamento.

O solo nessas colônias é fértil e adequado ao plantio de frutas, legumes, verduras e grãos em abundância. A produção varia de colônia para colônia; a composição do solo determina o tipo de cultivo e a qualidade dos produtos, em geral mais ricos de valor nutritivo porque são isentos de agrotóxicos que se tornam desnecessários.

As escolas preparam os indivíduos para as diversas tarefas econômicas e os agricultores recebem subsídios das autoridades. O homem terreno faz ideia do que falamos; a diferença está na forma como os incentivos são fornecidos e no tipo da organização rural que não se volta para o lucro excessivo, mas persegue um objetivo social – fornecer alimento saudável para a população. O lucro será a consequência natural de um bom trabalho feito em prol da coletividade.

Outra atividade importante é a comercialização dos produtos da terra, feita por agentes estatais, embora a sociedade se fundamente na propriedade privada bem conduzida e orientada pelos princípios de justiça social. Sem falar em religião podemos sentir nas leis que norteiam o comportamento humano o reflexo dos preceitos evangélicos de respeito e amor ao próximo.

A distribuição dos alimentos nos entrepostos mantidos por agentes estatais possibilita que não falte a nenhum morador o essencial, que ninguém passe fome ou sede ou caminhe andrajoso pelas ruas da cidade. Todos recebem o suficiente das autoridades que interpretam o papel de assistentes sociais até que o indivíduo saia do torpor inicial, da inércia ou desequilíbrio mental e assuma a posição de cidadão consciente e produtivo diante das leis.

As escolas são públicas para as primeiras letras. Há espaço para a iniciativa particular nos cursos subsequentes, principalmente na modalidade profissionalizante.

À nossa análise verificamos que cada colônia apresenta um padrão diferenciado de estilo de vida em razão da diversidade dos moradores. Se o grupo majoritário for o de adultos, serão ofertados cursos para reciclagem que atendam ao interesse dessa clientela em especial. Crianças e jovens são atendidos de forma preferencial por uma pedagogia moderna que prioriza a educação integral que não inclui ensino religioso, mas prima por um sério embasamento moral.

Há colônias que se especializam em tratamentos médicos para moléstias que acompanham os recém-chegados, como alcoólatras e portadores de outros vícios. As clínicas procuram pesquisar as causas, quando os sintomas já se fazem visíveis. Nessas colônias não existem moradores fixos, todos estão de passagem.

A chegada de muitas pessoas a uma colônia exige providências de seus administradores para receber, tratar e encaminhar de acordo com os vínculos anteriores. A construção de novas colônias é uma necessidade nos tempos atuais e garante que os irmãos sejam acolhidos com dignidade, respeito e fraternidade. Pode parecer um excesso de cortesia, porém lembramos que as orientações vêm do Alto, onde Espíritos Superiores administram a Causa do acolhimento das almas e se regem pelos princípios éticos expostos pelo Cristo.

Somente espíritos refratários ao bem e revoltados ficam por conta própria até o momento da redenção, quando reencarnarão compulsoriamente em uma das moradas criadas por Deus, a fim de compreender as verdades do Evangelho que os libertarão das peias do mal que construíram para si. Esses serão, potencialmente, os obsessores dos encarnados que com eles mantiverem afinidade. De seus pensamentos de ódio, vingança e desprezo pela ordem moral surgirão os conflitos tribais que culminam nas guerras alimentadas pelas aversões recíprocas.

Os olhos e ouvidos dos Espíritos Superiores estão atentos aos movimentos desses grupos no Além e só permitem que eles se expandam até certo ponto, enquanto servem inconscientemente ao processo de depuração do carma coletivo da humanidade.

Há colônias que abrigam e restringem os movimentos dos líderes perigosos que precisam ser controlados e impedidos de entrar em contato com os encarnados que vibram no mesmo tom, e se sentiriam fortalecidos nos ímpetos de vingança e agressão. Embora possa parecer estranho a alguns leitores, afirmamos que os mais perigosos são encarcerados em masmorras que isolam até os pensamentos nefastos desses irmãos atormentados.

O século passado foi rico em guerras, e muitos enfrentamentos ainda existem na Terra com forte repercussão no Além. O gênero de vida terrena condiciona o tipo de vida depois da morte. Grandes transformações demandam tempo e conscientização. O grande julgamento do espírito após a morte deve acontecer no íntimo de cada um. A sociedade espiritual, a exemplo da terrena, tem o direito de se defender e não ficar à mercê desses poderosos agentes do mal.

Insistimos para que homens e mulheres encarnados pautem sua conduta pelos ensinamentos de Jesus, ensinamentos que são de domínio público, que se espalharam pelo território do planeta e fazem parte do inconsciente coletivo de povos e nações. Quem ainda não ouviu referências aos mandamentos divinos? Quem desconhece a máxima do amor ao próximo e de não fazer ao outro o mal que não deseja para si próprio?

Jesus e seus mensageiros estão educando a humanidade há milênios, retirando do caminho o joio da inveja, do ciúme e do apego aos bens terrenos. Ninguém pode alegar ignorância total da moral do Cristo; a dificuldade está na prática e no exercício do bem que Ele propôs.

O caminho que o Mestre propôs conduzirá a humanidade ao estado regenerativo, promotor do progresso em várias perspectivas: científica, tecnológica e social. O bem se expandirá enquanto o mal vai se retrair até desaparecer. A Terra será no futuro um mundo feliz, em que todos os moradores se confraternizarão como irmãos. Não haverá na Terra do futuro reencarnações compulsórias; todos planejarão a futura existência de modo a adquirir conhecimentos úteis para si e todo o organismo social.

*

A organização social e política das colônias em muito se assemelha ao plano terreno, confirmando que a humanidade reproduz de forma intuitiva o que aprendeu no plano espiritual.

Existem governantes pré-escolhidos pela Espiritualidade superior e outros representantes do povo, eleitos de uma forma democrática. A sociedade se organiza em grupos representativos das diversas camadas sociais. Existe mobilidade social e os indivíduos circulam pelos grupos de forma livre, de acordo com tendências e aptidões.

A produção agrícola é suficiente e não há escassez de alimentos, embora não esteja descartada a importação entre as colônias. O comércio é livre, realizado dentro de legislação segura que define preços e taxas. Não há taxas sobre remédios e material escolar.

O mobiliário é produzido com a utilização de tipo especial de madeira sintética, assim como assoalhos e madeiramento para construção. Não há desmatamento por aqui.

Os animais não são sacrificados para alimentação, pois existe uma fonte adicional de proteína sintética, produção que em tempo médio se instalará na Terra. Os movimentos que existem em defesa dos animais terrenos surtirão efeito em futuro próximo, é só persistir e deixar o tempo passar, que aparecerão outras fontes de proteína.

A sociedade terrena tem muito que desenvolver no sentido da qualidade de vida. Perguntando ao nosso mentor, Irmão José, o que ele com larga experiência acrescentaria sobre o assunto, gentilmente nos ofereceu uma resposta:

"O homem, em seu início evolutivo, tinha tudo para aprender e conquistar: desde os sons para a linguagem, os sinais gráficos para a escrita, as primeiras ferramentas e utensílios que foram de pedra antes que descobrissem os metais. Será que aprendeu tudo isso no solo planetário? Ou teria trazido lembranças e intuições do que viveu no mundo dos espíritos que serviriam de embasamento para as futuras aquisições?

Com certeza a evolução do homem se efetuou em dois mundos; o plano espiritual foi o abrigo primeiro da raça humana que deu origem à nossa humanidade. No mundo espiritual foram feitas as primeiras aquisições humanas e o homem sofreu melhoramentos em sua constituição física, mental e espiritual, o que prova que o mundo espiritual é desde sempre um mundo tangível, concreto e rico de oportunidades de sobrevivência.

A cada nova encarnação o homem adquiria notáveis possibilidades e retornava para o mundo original de onde saiu enriquecido com conhecimentos e capacidade intelectiva. Ao homem de fé acrescente-se o quadro consolador da assistência divina direta, ou indiretamente por meio dos auxiliares sublimes permutando experiências com os irmãos na carne que, sozinhos, não conseguiriam se adiantar no caminho da evolução. Os que pensam o contrário alimentam a pretensão de tudo saberem e tudo poderem, numa arrogante presunção.

Meus amigos, não é demasiado frisar que após a morte do corpo os espíritos voltam para mundos concretos e estáveis, com maior qualidade de vida, exceção feita àqueles que se perderem no caminho da volta. Daí nossa insistência pela evangelização das almas. Evangelho significa a boa nova do progresso, da saúde plena e da inteligência enobrecida.

Surgiu uma nova era com o advento do Senhor Jesus, era que foi prometida há milhares de anos e descrita pelos profetas do Antigo Testamento. Revelações posteriores vieram, mas o estado embrutecido do ser humano impediu maiores esclarecimentos. Esta é a nossa época, o nosso tempo de levantar o véu e mostrar ao ser encarnado como é a vida no mundo espiritual, e de que forma o homem terreno deve se preparar para ela."

– Nós, os desencarnados, estamos fazendo a nossa parte? – perguntei ao gentil mentor, empenhado em saber como proceder para melhorar nosso desempenho.

– Estamos agindo da forma prevista pela Espiritualidade superior, que compreende e desculpa nossas limitações, mormente no que se refere ao campo da evangelização das almas. A sociedade terrena é portadora de muitos vícios; é constituída por espíritos pobres de moralidade e de caráter inconsistente, de difícil abordagem por parte dos evangelizadores dos diferentes credos. Aqui, da esfera espiritual, somos testemunhas dos esforços de cada grupo para divulgar o Evangelho e os pressupostos doutrinários. Em uma avaliação cuidadosa vemos que agimos de forma consciente, principalmente nesta época tumultuada no plano terreno, com ameaça de guerras e liberação dos instintos agressivos. Hoje está vindo à tona o lixo mental acumulado em séculos e mantido represado dentro do psiquismo humano. Quando se rompe um dique, a água represada liberta-se com força provocando estragos singulares ao que está ao redor.

– A limpeza que virá a seguir será de grande porte? – inquiri sequioso por ouvir maiores explicações.

– É só consultar o Evangelho para entender que se faz uma profunda comoção no fundo do organismo social para dali expulsar o que há de inútil e perturbador: corrupção, maus costumes, egoísmo daqueles que se assenhoreiam do poder e o manipulam em benefício de si mesmos e de seus afilhados. Faz-se necessária uma limpeza com urgência, enquanto a classe dos mais jovens se prepara para o exercício consciente da cidadania para assumir cargos e funções no campo administrativo. Então, os maus administradores prestarão contas de seus atos no mundo espiritual onde terão tempo de aprender novas lições. Essa comoção, essa mexida, por vezes provoca dor e desacomodação. É como a chuva abençoada que cai na terra, precedida por raios e trovoadas. Jesus confortou-nos no Evangelho ao afirmar que "quem perseverar até o fim será salvo". Salvo das próprias imperfeições e limitações, pois terá a alma higienizada e purificada quando a tormenta passar. Jesus não prometeu o socorro imediato que nos livrasse de nossas mazelas e imperfeições. Ele sugeriu perseverança e é esta virtude que os discípulos precisam exercitar nos dias de hoje. Perseverar sempre, nos momentos de alegria ou de tristeza, sob a sombra da dúvida ou sob o sol da certeza. Confiar mais do que nunca nos ensinamentos do Mestre que veio até nós para afastar o fantasma da discórdia, do preconceito e do comodismo característicos da raça humana que valoriza a lei do menor esforço e a obtenção do lucro fácil.

O mentor estava inflamado de amor pelo Mestre enquanto seu corpo espiritual resplendia de tal forma que ofuscava a visão. Acostumado aos frequentes encontros com Irmão José, não me causava estranheza aquele brilho espetacular, pois entendemos que se manifestava ali, com toda a verdade, as palavras de Jesus: "brilhe a vossa luz diante dos homens".

Nesta fase atual, quando o projeto A Paternidade Divina se transformou em obra concreta de conciliação entre os segmentos cristãos e lideranças de outros credos, nossas reuniões no Além são pautadas por fenômenos mediúnicos ostensivos. Nessas ocasiões manifestam-se Entidades de elevada envergadura espiritual que repassam informações e orientações que nos chegam do pensamento de Jesus.

Entendemos o empenho do Mestre em congregar a todos ao seu redor, como o bom professor que se faz acompanhar por um séquito de discípulos que seguem suas recomendações e a Ele recorrem em momento de incerteza.

Irmão José é mais um dentre os numerosos discípulos que continuam a seu serviço, crescendo para fazer crescer, ensinando o Evangelho, que é um roteiro luminoso enobrecedor da civilização terrena que a retira do primarismo animal para introduzi-la na esfera santificada dos filhos de Deus.

Revelar como a vida se desenvolve no mundo espiritual é uma das tarefas propostas por Jesus. Ele quer que a mente do homem terreno se esclareça para as realidades que ocorrem além do túmulo. Ele recomenda a clareza que não pôde ser empregada em seu tempo, quando a humanidade era de extrema pobreza cultural e intelectual. Se agora alguns milhares podem entender, futuramente serão milhões de almas que abrirão as mentes para o entendimento dessas verdades que estavam ainda "sob o alqueire", mas que irão se assentando no candeeiro para iluminar a casa planetária.

Agradecendo ao gentil mentor acompanhei-o até à porta e nos despedimos com um largo abraço, confirmando uma amizade retomada algum tempo após o meu desencarne. Irmão José aceitou-me como um discípulo novato e providenciou-me diversos cursos e numerosas ocasiões de praticar o bem dentro de sua equipe formidável. Felizmente, com a graça de Deus, o filho de dona Zilda não perdeu a chance ofertada e colocou-se à disposição dele e de todos os mentores que me ofereceram a bênção do estudo e do trabalho.

 4

Jovino no Mundo Espiritual

Jovino era um médico católico fervoroso, e enquanto viveu no plano físico revelava uma grande preocupação com o destino da alma após a morte. Impressionava-o a doutrina do inferno que aguarda o indivíduo que morresse em condição de pecado mortal, local de choro e ranger de dentes por toda a eternidade. Rigoroso na educação dos filhos sempre se referia às passagens do Evangelho que dão ênfase aos castigos divinos.

Chegado o momento de sua morte – que ele como médico pressentiu com verdade –, um temor injustificável tomou conta do psiquismo atormentado desse irmão. Pediu a presença do confessor que o confortou com os sacramentos da confissão e da comunhão, que longe de acalmá-lo mais aguçaram seus receios íntimos. "Será que estou sendo perdoado?" – questionava-se interiormente.

Quando uma equipe socorrista se aproximou para o desenlace final, teve que tomar uma decisão radical: adormecer o moribundo antes de recolher o espírito atormentado que só recobraria a consciência quando estivesse bem instalado em clínica para refazimento.

Ao acordar, doutor Jovino surpreendeu-se com a singeleza do lugar que não era o céu nem demonstrava aparência de inferno ou purgatório. Pela primeira vez sentiu-se confuso porque suas convicções caíram por terra. Onde estaria então?

Ainda expressava na fisionomia esse questionamento quando adentrou o recinto sua genitora desencarnada há décadas, alegre e expansiva como sempre, abraçando-o com a ternura da mãe terrena.

– Meu filho, que bom que já acordou! Creio que brevemente poderá deixar o leito e dentro de alguns dias mais percorreremos as alamedas floridas desta colônia.

– Colônia, dona Hormezinda? Que lugar é este, minha mãe?

– Uma das moradas que o Pai criou para nós, meu filho! Está no Evangelho, você não leu?

– Eu fiquei atento às proibições e recomendações quanto aos castigos divinos contra os pecadores! Não queria correr o risco de me infelicitar para sempre...

– Para sempre só teremos a vida eterna, meu filho, tudo o mais é passageiro.

– Preciso descansar depois desta conversa, minha mãe. Dê-me um pouco mais de tempo para digerir as informações.

*

Doutor Jovino era uma pessoa culta se considerarmos os padrões terrenos. Foi um médico ginecologista bastante atento às responsabilidades. Jamais se serviu da profissão para práticas ilícitas. À ética profissional somava-se extremo rigor nas interpretações evangélicas pautadas pelo medo dos castigos eternos. Dessa forma levou uma vida moralizada e útil à sociedade.

Não precisava passar por tanto sofrimento íntimo, desnecessário se ele tivesse um entendimento maduro da proposta do Evangelho. Jesus não veio trazer o medo ao mundo terreno. Ele trouxe a boa nova da esperança quando nos elevou à condição de filhos de Deus, livres da servidão. Suas propostas foram desvirtuadas por conta dos desajustes humanos, dos recalques e bloqueios adquiridos ao longo das vivências, de forma espontânea ou imposta por líderes religiosos ou dominadores políticos.

Nosso personagem, como ele mesmo admitiu, ficou mais atento às admoestações do Mestre que desejava prevenir a humanidade quanto à severidade da lei divina contra os que praticassem o mal, esquecidos da tolerância fraterna e do perdão. Esses, sim, teriam muito a lamentar quando se defrontassem com a Lei de Ação e Reação, que coloca o devedor frente ao cobrador para pagar a dívida até o último centavo.

Nos dias que se sucederam ao encontro com a senhora Hormezinda, Jovino teve tempo e disposição para refletir nos principais acontecimentos de sua vida. Reviu cenas do seu casamento com Raquel, assistiu mentalmente ao nascimento dos filhos e netos que ampliaram a família. Em um momento o pensamento dirigiu-se com força para a esposa falecida: onde estaria? O que estaria fazendo? Teria conseguido a salvação, ou, assim como ele, estaria vivendo em um lugar neutro, espécie de limbo, sem o fogo do inferno, mas distante das belezas do paraíso?

Passados poucos dias o médico foi surpreendido com a visita de Raquel. Depois das saudações recíprocas, ele, inconformado com a situação que considerava anômala, interrogou a antiga companheira que até certo ponto compartilhou de seus precários conhecimentos sobre a vida além da morte. Um tanto tímido deu início a um interrogatório:

– Por onde você anda, minha querida, já passou por algum julgamento?

– Que nada, Jovino, só tive a me julgar minha própria consciência!

– Então não existem tormentos eternos para quem viveu e morreu com pecados graves?

– Por aqui, meu querido, só temos conhecido a misericórdia divina. Acredito que a consciência culpada pode provocar sofrimento quando a pessoa se arrepende do delito cometido. Temos referência a locais destinados a pessoas muito más que precisam ser segregadas do convívio social.

– Espécie de penitenciárias? – perguntou o médico cada vez mais surpreso!

– Sim, Jovino, tanto na Terra como por aqui a segurança não é assunto para se desprezar. Os maus podem continuar agressivos e precisam ficar sob controle. Não se trata de castigo divino, mas de proteção contra a maldade, que é direito de todos.

– E pequenos meliantes, ficam soltos à vontade?

– Sei que esse problema é resolvido por ocasião do encaminhamento dos recém-desencarnados. Cada um é dirigido de acordo com tendências e merecimento. A cada um segundo suas obras, disse Jesus, você se recorda? Ouvimos essa advertência do pároco diversas vezes!

– Hum, a cada um segundo suas obras – entendi. Significa então a justa separação entre o joio e o trigo, entre os bons e os maus, sem que haja necessidade do aparato de um tribunal e de um juiz supremo! Entendo, Raquel, que seria um trabalho extenuante para a majestade divina ficar julgando milhões de homens e mulheres imperfeitos... Minha curiosidade está bastante aguçada e na primeira oportunidade quero sair para conhecer em detalhes o que já estou pressupondo.

– Voltarei, Jovino, quando você estiver apto fisicamente. Aguardemos a liberação médica.

– Mais uma constatação surpreendente, Raquel, o tratamento médico após a morte.

– Ainda tenho algumas surpresas para você, meu querido.

*

Raquel traria novidades que deixariam Jovino desconcertado. Pouco tempo depois de ter chegado ao mundo espiritual a esposa de Jovino fixou residência na Colônia São Rafael. Ali foi recebida por antigos amigos, entre os quais se encontrava Leonel, um grande amor do passado. Ao recordar os lances amorosos que viveram juntos, sentiram ambos a revivescência do amor e há poucos anos se consorciaram no Além.

Torna-se evidente que Jovino se entristecerá com a notícia, mas nos antecipamos em explicar que somente sentimentos muito fortes e verdadeiros resistem à separação imposta pelo falecimento de um dos cônjuges. Esse casal foi feliz enquanto na Terra e trouxe ao mundo dois filhos muito amigos do passado. Marido e mulher não estabeleceram, porém, laços fortes suficientes para durar para sempre. Tão logo a esposa desencarnou Jovino procurou uma substituta para seu lugar e agora ficará sabendo que a esposa também se sentiu livre para um novo amor. Nada há de imoral nessa atitude, tanto para o homem quanto para a mulher.

A sociedade no entorno de nosso planeta guia-se por padrão de moralidade semelhante à da cultura que vivenciaram e a qual se ajustaram. Colônias onde predomina a cultura islâmica continuam a manter os mesmos critérios na formação familiar, evidentemente sem os exageros que por vezes são verificados. A moral humana também evolui, permitindo que se modifique o panorama que predomina no mundo, em respeito à boa convivência dentro do lar, como à orientação e educação dos filhos.

No momento que considerou propício, Raquel revelou a Jovino sua condição de esposa de Leonel, um antigo namorado. O ex-marido pareceu chocado em princípio, mas logo se recuperou para confidenciar à ex-esposa que manteve um relacionamento após a sua desencarnação. Dali para a frente passaram a se relacionar como dois bons amigos. Leonel introduziu-se no grupo com a intenção de auxiliar na adaptação de Jovino às novas condições de vida.

A família do médico se aproximou e ofereceu, como é de praxe em cidades do Além, um espaço para o médico estagiar em uma de suas clínicas.

Doutor Jovino precisou passar por boa reciclagem profissional, fato que ocorreu com tranquilidade enquanto ele se ambientava aos novos ares. Tal como Raquel, havia sido morador dessa colônia de onde ambos saíram para uma encarnação planejada. O mesmo esquecimento que atinge o indivíduo no ato de encarnar frequentemente se faz presente após a desencarnação, o que explica a amnésia que sofrem as pessoas que voltam à pátria espiritual e se surpreendem com tudo o que veem e com as pessoas que reencontram. Somente uma grande força mental proporciona um retorno rápido das lembranças de ocorrências vividas antes de desencarnar, por certas características do cérebro perispiritual que por ora não conseguimos explicar.

De vez em quando percebemos certos agrupamentos de espíritos onde a tônica da conversa é a seguinte:

– Dizem alguns familiares que estive vivendo por vários anos em outro plano, em outra espécie de vida onde convivemos como pessoas da mesma família. Eu de nada me lembro, para mim a existência começou aqui neste lugar.

Sempre que ouvimos esses desabafos sentimos que precisamos trabalhar mais e mais pela divulgação dos ensinamentos espíritas. As diversas religiões não conseguiram esclarecer sobre a continuidade da vida, e lamentamos ainda que não tenham contribuído para a moralização do ser humano.

Jovino foi um homem moralizado, cumpridor dos deveres cristãos. Devotou-se ao trabalho honesto para o sustento da família. Desencarnou desconhecendo o que ocorreria ao espírito após o desenlace final, lacuna que seria preenchida nos primeiros anos na pátria espiritual. Ao deixar a clínica, totalmente recuperado, serviu-se da companhia dos novos amigos Raquel e Leonel para conhecer a cidade e identificar os pontos principais.

– É tudo muito surpreendente, Raquel – dizia o médico com visível entusiasmo. – Uma cidade no Além, muito bem planejada, até parece que nos encontramos no plano terreno em cidade do primeiro mundo!

– Aprendemos aqui, em cursos que fizemos, que o plano terreno é cópia infiel deste mundo mais perfeito em que estamos – aparteou Leonel que observava atentamente as reações do ex-esposo de Raquel.

– Vejo avenidas largas, ruas arborizadas e prédios de linda arquitetura que imagino se destinarem à moradia e a funções administrativas em geral. Acertei?

– Em cheio – respondeu Raquel segurando o braço do amigo, sugerindo que tomasse certa direção. – Vamos atingir um parque muito distinto dentro do qual se localiza a sede da governadoria central.

– Temos governador também?

– Sim, Jovino. De que outra forma se daria a organização social e econômica desta cidade-estado?

A cada nova pergunta seguia-se uma resposta clara e convincente por parte de Leonel e Raquel. Jovino ponderava, dentro de si, que só acreditava em tudo porque seus olhos viam, seus ouvidos ouviam e seu tato podia tocar e sentir a veracidade do novo mundo que se abria para ele.

Reparando na tranquilidade de Raquel reuniu coragem para fazer uma pergunta:

– Você se sentiu inteiramente à vontade quando aqui chegou, minha querida?

Ao pronunciar o termo querida o médico sentiu-se um tanto constrangido, mas a delicadeza de Leonel o colocou à vontade quando estimulou Raquel a responder a pergunta de Jovino.

– Eu me senti tão atrapalhada quanto você está agora, Jovino. Nossa religião, malgrado a bondade do pároco, não me preparou para a vida pujante e bela que encontrei aqui.

– Tínhamos relatos sobre a vida de alguns santos que abriam possibilidades de interpretação, mas algumas interpretações soavam fantasiosas e inverossímeis para o meu padrão de entendimento. Por isso me fixei nos ensinamentos severos de Jesus, com medo de perder o rumo – asseverou Jovino, aproveitando a oportunidade para fornecer explicações sobre seu estado de espírito.

*

O médico, aos poucos, tomou conhecimento das particularidades da Colônia São Rafael. Como o próprio nome indica a cidade seguia orientação cristã, embora estivesse aberta aos moradores de outros credos. A legislação era leiga, não sofria imposição de preceitos religiosos.

Jovino, habituado a cumprir os seus deveres, procurou inteirar-se dos princípios que regiam a nova sociedade e, convenientemente, deixou de lado as ideias preconcebidas sobre a vida no mundo espiritual. Com o espírito sossegado, em pouco tempo – suficiente para ambientar-se no Além –, o médico alugou modesto apartamento e providenciou um consultório em um hospital que aceitou suas referências.

Todos os dias eram plenos de surpresa para ele, um experiente ginecologista no mundo terreno. Atendia mulheres desencarnadas portadoras de moléstias femininas que ele conheceu e tratou enquanto encarnado. Surpreso e com dificuldades de entendimento procurou explicação junto a um grupo espírita, desde que os colegas católicos não apresentaram explicação convincente.

Josué, um representante ilustre do grupo espírita, desempenharia o papel de mentor, a pessoa que compreendia sua perplexidade diante das novidades encontradas. Manteriam encontros quinzenais em que estudariam as obras de Kardec e de Chico Xavier, com paradas para reflexão e questionamento. Sabedores de tais encontros, outros membros se juntaram aos primeiros e o grupo adquiriu aspecto formal como se fora um departamento de ensino.

Além de Josué, irmão Alípio se associou como colaborador do grupo. Perguntas pertinentes eram formuladas pelo grupo e respondidas pelos coordenadores que recomendavam leituras adicionais que seriam feitas em casa, em momentos especiais.

Como acontece nas escolas terrenas também houve desistências, somente os mais interessados persistiram nos estudos, sendo Jovino o mais entusiasta estudante.

– Por que o espírito adoece? – foi sua pergunta mais insistente, a qual Josué respondeu explicando a trilogia no ser humano: corpo denso, perispírito e espírito. – O perispírito de suas pacientes se ressentia das mazelas físicas adquiridas na carne e interiorizadas; mazelas que agora se manifestavam no corpo espiritual. Entendeu, Jovino? – a pergunta foi feita com a intenção de complementar a informação!

– Sim, Josué, mas explique-me também: as enfermidades que estou tratando foram todas adquiridas durante a encarnação? As pessoas não podem adoecer aqui?

– Podem, Jovino, pois o processo é o mesmo. Homens e mulheres no exercício do livre-arbítrio podem adoecer no mundo espiritual maculando o perispírito e provocando, consequentemente, enfermidades no corpo espiritual. Um sacerdote católico que ambos conhecemos diria que só estará livre das doenças quem não tiver pecados. Jesus nunca adoeceu. Seu espírito era de uma luminosidade ímpar, seu perispírito de uma pureza singular. Ele é nosso modelo de saúde perfeita. O Mestre, humilde por excelência, admitiu ser o caminho que conduz a Deus. Ele não se proclamou Deus, como entendem algumas igrejas cristãs, mas aceitou colocar-se como o caminho verdadeiro que conduz à vida plena de graça, de saúde e perfeição.

– Você está fazendo alusão a conceitos católicos porque conhece meus antecedentes como seguidor dessa igreja, não é, Josué?

– Sim, Jovino, conhecemos, mas esse quesito não impedirá nosso bom relacionamento. Não há, a nosso ver, uma única religião que detenha toda a verdade; todas se aprofundam na medida do entendimento humano, tão falho ainda, o que explica certa confusão na interpretação do Evangelho.

– Explica, mas não justifica, amigo Josué. Na vida terrena tive companheiros médicos mais esclarecidos, iguais a você e seu grupo espírita. Nunca dei a eles a devida atenção; estava fechado para informações que contrariassem a doutrina da Igreja. Somente acreditava nos argumentos que recebessem o aval das autoridades eclesiásticas, certo de que fora da Igreja não haveria salvação.

– Hoje, você comprova outra realidade e contra as provas não há argumentação que se garanta! Em futuro próximo, em outra encarnação terrena, você terá a mente mais aberta, tal como aconteceu com alguns de nós.

– Agradeço sua compreensão, Josué. Você não me recrimina em tom ácido embora eu merecesse. Voltando ao tema das doenças que tenho tratado aqui, vejo muita semelhança com as enfermidades terrenas. Mulheres chegam chorosas ao consultório queixando-se de dores e sangramentos estranhos. Buscando as causas tenho tido dificuldade em encontrá-las. Nesses casos, visando ao alívio imediato das pacientes, contento-me em abrandar os sintomas, tal como fazia na clínica terrena.

– O problema da causa é mais complexo, doutor. Às vezes ela se encontra no psiquismo profundo do doente, em um desajuste anterior do centro de força correspondente à enfermidade, associado ao centro cerebral e até ao coronário. Com o tempo o amigo estará mais bem preparado para mergulhar nesse universo maravilhoso, porém ainda pouco conhecido do corpo humano integral: corpo, mente e espírito. O desacerto em um departamento afeta o funcionamento dos outros.

– Sou grato pelas lições preciosas que o Espiritismo me tem fornecido. Ainda não encontrei essas informações em todos os dirigentes da minha estimada Igreja. Há párocos que reproduzem a sua palavra, Josué, mas a liderança superior ainda tenta defender conceitos antigos que considero superados e não tiram as minhas dúvidas. Você acha que posso continuar sendo um bom católico se adicionar as ideias espíritas ao meu banco de informações?

– É claro que sim, Jovino, visto que as ideias divulgadas pelo Espiritismo pertencem ao conjunto das Leis divinas. Por enquanto é um grupo pequeno que as divulga, assim como o colegiado apostólico também era pequeno. As lições ensinadas por Jesus somente correram o mundo depois de muitos séculos. Toda boa semente demanda tempo e terreno propício para germinar. A mente humana está se expandindo há milênios para assimilar agora as revelações espíritas. Nem mesmo Jesus antecipou esse momento. Tempo virá que só existirá a religião dos filhos de Deus e ninguém se julgará proprietário dessas revelações.

Pouco a pouco a mente de Jovino se abriu e ele recebeu as novas verdades com um misto de surpresa e alegria. Ele se alegrava intimamente porque tudo o que ouvia era coerente e animador. A evolução, questionada pelo segmento católico, era fato comprovado e a expressão otimista de Jesus "vós sois deuses" passou a ter um significado maior diante das novas experiências de vida. Entendeu que poderia armazenar no arquivo mental as orientações ditadas pela Igreja Cristã, podendo ainda ampliar esse arquivo com o registro das novas informações que recebia todos os dias.

O propósito do projeto *A Paternidade Divina* que se desenvolve no plano espiritual com reflexos no plano físico é exatamente este: envolver todas as criaturas, indiferente à raça, ao credo e à cultura, mostrando-lhes o melhor caminho para a evolução, distanciando-as da animalidade original.

João Paulo, o representante carismático do Cristianismo agora desencarnado, encabeçou esse trabalho e sua presença, por si só, é a melhor referência que podemos oferecer. Quando o público percebe sua presença, interessa-se imediatamente pelo que vai falar e quais são os seus pontos de vista no Além. O notável cristão pouco tem a acrescentar sobre a doutrina que ainda professa. Alguns rituais foram suprimidos, outros foram mais bem explicados e o aprofundamento evangélico tornou-se o carro-chefe de suas atividades no mundo espiritual.

A ninguém ele pergunta que religião professa. Quando antigo fiel se ajoelha para receber a bênção papal, é em nome de Deus onipotente que ele abençoa, excluída a referência à trindade. Aos poucos vai se priorizando a essência em detrimento do que é secundário no ato religioso. Missas são celebradas com liturgia mais concisa, com notório destaque para a evangelização das almas.

Na psicosfera de nossa pátria as noções cristãs estão bem disseminadas; o amor ao próximo, o perdão das ofensas e a caridade fraterna são o carro-chefe do pensamento social e político das colônias.

Admitimos que ainda existam dificuldades de relacionamento. Os moradores são seres humanos em fase de evolução; não são anjos nem demônios. Precisam de leis que garantam o bem-estar e a segurança de todos; atos antissociais são reprimidos para que os cidadãos sintam-se à vontade nas moradias do Além.

Ao me aprofundar nessas revelações talvez possa chocar os leitores espíritas mais ortodoxos que me acusarão de materializar o mundo espiritual, mostrando-o excessivamente parecido com o plano terreno. Insistimos que o mundo espiritual é um habitat de homens e mulheres fora do corpo físico, mas possuidores de envoltório corpóreo adequado às realidades onde se encaixam.

Mundo espiritual, segundo o imaginário de alguns irmãos espíritas mais intelectualizados, tem sido o que identificamos como mundo superior onde o poder de plasmar o ambiente é notório, visto que o próprio ambiente é tão sutil que nós, espíritos medianos, não conseguimos apreendê-lo em seus detalhes. De resto, entendamos que nossas imperfeições nos impedem de alçar voos às regiões paradisíacas onde habitam espíritos puros, porque estamos atrelados às imperfeições que nos incapacitam de mergulhar no universo de beleza que nos aguarda no fim da trajetória espiritual.

*

Jovino, aos poucos, estabilizou as emoções e acentuou o trabalho em seu consultório. Esqueceu-se de Raquel e aceitou que a ex-mulher seguisse a vida na companhia de Leonel. Os dias seguiam com normalidade até que se apresentou para consulta uma mulher prestes a dar à luz. Encabulado, o médico pensou: até aqui estarei às voltas com uma gravidez? No próximo encontro com Josué ele solicitou maiores explicações:

– Pode o corpo feminino ser alvo de gravidez aqui na pátria espiritual? Essa não seria uma prerrogativa do corpo terreno?

– Vamos analisar friamente a questão, doutor. O corpo de carne é uma versão do corpo espiritual. O corpo de carne ao se formar toma por molde o corpo espiritual de onde herda o cosmo orgânico que o caracteriza. No plano em que estamos as mulheres têm um aparelho reprodutor capaz de procriar após gestação um pouco diferenciada. O processo de engravidamento é o mesmo, não há por que se escandalizar.

– E o espírito, de onde vem?

– De uma das numerosas dimensões do espaço. Aqui vige também a lei de atração e afinidade. São atraídos ao útero feminino os espíritos com quem se afinem por sentimentos fraternos ou laços mais fortes, dependendo da situação.

– Todos renascem para evoluir!

– De maneira geral o renascimento visa ao crescimento individual da criatura. Há os que renascem para fazer a evolução do meio social, à semelhança do que acontece na Terra. Espíritos mais bem preparados renascem com finalidade de desenvolver a ciência e associam o seu conhecimento ao nosso, fazendo que nossa sociedade se enriqueça com a sabedoria deles. É da lei de Deus que cheguem ao nosso plano espíritos mais evoluídos e detentores de muitos méritos.

– Onde precisamente moravam esses espíritos?

– Em dimensões superiores, inferiores ou paralelas. O Universo é rico em diversidade de planos e está povoado com tantos espíritos que é impossível enumerar. Eles estão sempre em movimento, renascendo aqui e ali, de modo a se enriquecer de conhecimentos e de virtudes.

– Esse movimento terá fim um dia, Josué?

– Quem sabe, doutor? A meta final é a perfeição, por isso existirão sempre espíritos percorrendo esse caminho, de tal sorte que somos levados a deduzir que sempre existirá esse movimento de espíritos trabalhando pela própria perfeição.

– Isso explica o porquê do esquecimento quando o espírito toma um corpo em qualquer dimensão em que esteja?

– Quanto mais denso o corpo que ele anime, maior o peso do esquecimento – reforçou Josué.

– Posso entender que à medida que o espírito cresce em evolução consegue sobrepujar a influência da matéria e demonstra mais visíveis lampejos de lembranças?

– Certíssimo, amigo. Tomemos Jesus como modelo de perfeição. Ele conservou todo o acervo de conhecimentos e de lembrança de sua missão redentora. Ele sempre se lembrou das recomendações do Pai e do seu compromisso com os homens. Seu corpo perfeito não causou problemas ao espírito forte que agia como um farol superpotente a iluminar o solo terreno. Ficaríamos maravilhados se pudéssemos ver aquele Homem esguio, porte majestoso, aura de dimensão sideral percorrendo ruas e vielas empoeiradas de uma Galileia pobre de valores intelectuais e morais. Os homens encarnados só percebiam os reflexos da grandeza do Mestre em seus atos e palavras. Havia, porém, um séquito de desencarnados que se deliciavam com a visão majestosa e não poucas vezes se colocavam de joelhos à sua passagem. Existiam também os perseguidores do Além que tentaram desestabilizar a tarefa dele e gritavam em altos brados: "bem sabemos quem és, Jesus de Nazaré, e nada temos a ver contigo". Ocorreram muitas obsessões porque inimigos da causa do Cristo não perderam a ocasião para protestar e molestar os futuros seguidores. Na sequência dos primeiros séculos eles ainda arregimentaram forças para iludir e desvirtuar o movimento de salvação.

– Ainda hoje, o movimento cristão tem inimigos espirituais? – perguntou o médico que aos poucos se iluminava diante do novo assunto.

– Ainda hoje, tem sequência a luta milenar entre as forças do bem e as do mal. O mal é contrário ao domínio da cruz, símbolo da redenção humana.

– Explique melhor!

– A cruz representa a vitória da evolução humana e a total desvinculação de sua origem animal. A origem será sempre a mesma, mas os instintos ficarão sob o controle da razão e a inteligência mais livre não se curvará ao domínio de mentes inimigas.

– Esses inimigos um dia adquirirão consciência e se moralizarão?

– Nesse dia compreenderão que somente o bem promoverá a felicidade humana.

– O que pensam ganhar esses irmãos que combatem o bem?

– Prestígio, poder, domínio territorial. Os valores pregados por Jesus não satisfazem os interesses deles, razão pela qual acreditam que Jesus e seguidores são entraves às suas ações.

– São eles nossos principais inimigos?

– Não, Jovino, nossos verdadeiros inimigos são nossos defeitos pessoais. Também temos fome de prestígio e de poder, o que abre as portas mentais para sugestões que chegam de outros planos. Quando a população espiritual da Terra e adjacências estiver totalmente evangelizada, esses irmãos terão que aderir à nova ordem ou se recolher aos próprios domínios. Entendemos que ao mundo regenerado em que a Terra se tornará sucederá o estágio de mundo feliz, sem miséria, sem agressões, pleno de entendimento entre os homens. A humanidade que habitar nosso planeta será feliz na acepção da palavra. Enquanto isso não acontece temos que nos regenerar adquirindo novos hábitos de conduta moral; dentro de novo esquema mental poderemos conhecer uma felicidade tênue e passageira, de acordo com nossas reais possibilidades.

O Encontro de Jovino com Luiz

Em breve tempo Jovino encontrou-se com Luiz, um filho desencarnado nos primeiros anos de vida. O médico surpreso viu à sua frente um homem feito, que só lembrava palidamente a criança mirrada que ele conduziu ao jazigo da família. Os primeiros anos de separação foram bastante sofridos para ele e Raquel. Nada do que ouviram pôde acalmar a sua dor. A tese religiosa da vontade de Deus atuando em todas as ocorrências humanas não era confortadora para a família. Uma criança entre 4 e 5 anos portadora de leucemia frustrara todas as esperanças de pai, esposo e médico. Por que Deus haveria de querer privá-lo da companhia de seu filho?

Somente o tempo e a nova gravidez da esposa sossegaram o coração do pai, que manteve dentro de si a amarga interrogação. No momento em que viu Luiz à frente, a memória voltou ao passado e reviveu cenas comoventes da primeira infância do filho. Infância demasiado curta no seio da família terrena.

Grande surpresa foi saber que Luiz não se recordava até pouco tempo de ter tido pai e mãe em outra dimensão do Universo. Suas lembranças infantis estavam restritas ao casal que o adotou e o tratou como filho do coração, enchendo sua vida de alegria e cuidados paternais.

Ao se aproximar do homem que foi seu genitor em outra situação, Luiz sentiu uma inexplicável ternura pelo senhor simpático e maduro que estava à sua frente e desejou abraçá-lo como se faz a um pai de verdade. Luiz ficou conhecendo sua história quando era adulto e estava prestes a se casar. O coração do jovem ansiou por conhecer essa parte de sua vida, considerando que a mãe, Raquel, já era conhecida por ele.

Reuniu-se, então, no mundo espiritual, uma família singular: Jovino que se sentia um verdadeiro pai, Raquel, a mãe que já não era esposa de Jovino e Luiz que não se considerava filho de ambos, visto que fora adotado no Além.

Situação similar ocorre com frequência quando uma criança desencarna em tenra idade, antes de aprofundar o laço de afinidade com os pais terrenos. Laços consanguíneos são tenros e se rompem facilmente, não deixando marcas profundas no psiquismo infantil quando a criança não criou alicerces que a unam definitivamente à família.

Assim como na sociedade terrena, antes de adquirir o uso da razão por volta dos 7 anos, as crianças são levadas ao esquecimento quando os pais biológicos são substituídos e se estabelece novo vínculo familiar. A família espiritual pode ser extensa e o acolhimento de indefesa criança pode ser feito por pessoa com ou sem vínculo de parentesco, numa adoção organizada e preocupada com o bem-estar do menor.

Esse critério tem dado certo e existe legislação que regulamenta casos de adoção de entidades infantis que desencarnam em regiões de conflito no plano terreno, o que acontece em regiões específicas do globo. Nessas regiões as colônias espirituais se organizam com orfanatos, internatos e educandários, servindo-se do trabalho indispensável do elemento feminino que atua como enfermeiras, mães substitutas e professoras carinhosas.

Nessas colônias os trabalhadores servem em sistema de rodízio temporário, de forma a não se sentir sobrecarregados com trabalho estafante em região espiritualmente inferior às possibilidades deles.

— As crianças crescem no Além? — foi a pergunta do médico, que no momento pedia explicações ao benevolente mentor.

— A resposta está diante dos seus olhos, amigo. O que você vê? — perguntou Josué com a intenção de expandir o raciocínio do recém-desencarnado.

— Vejo um homem feito! — respondeu com sinceridade o médico. — Vejo alguém levemente parecido com meu pequeno Luiz.

Sua presença me inspirou uma grande ternura, embora não tenhamos assunto para conversar.

– O tempo cobrirá essa lacuna, Jovino. Aos poucos, vocês reatarão os laços rompidos da amizade e verão despontar uma sólida afinidade, como existiu no passado.

– Será assim com a mãe também? – insistiu o médico com seu conselheiro e amigo Josué.

– Vocês serão ótimos companheiros. A sua história com Luiz se cruza com mais força desde o passado. Veja a profissão que ele escolheu sob a orientação dos pais adotivos: enfermeiro. Trabalhando juntos ele usufruirá de sua maior experiência no campo profissional e você terá na pessoa do filho um auxiliar da maior confiança.

– Josué – insistiu Jovino –, posso entender que apesar do sofrimento meu e de Raquel ninguém saiu prejudicado no caso da morte de nosso filho? Pensamos que ele ficaria órfão e que sofreria para sempre uma perda irreparável!

– O sofrimento dos pais diante da morte de um filho produz uma dor muito profunda que em alguns casos pode adoecê-los seriamente. Há sempre um motivo que leve à desencarnação precoce de um ser ainda imaturo. Nós estudamos este capítulo em *O Livro dos Espíritos*, você deve se lembrar. O atendimento ao espírito infantil desencarnado é rápido e eficiente; assim manda a ética cristã.

– Lembro-me perfeitamente, Josué. Uma coisa, porém, é conhecer a teoria; outra é viver a realidade. Identificar como adulto um filho que vimos partir na infância parece um feito miraculoso.

– Entendemos que milagres não existem, pois as leis divinas são imutáveis e não podem ser alteradas ao sabor de nossos desejos e necessidades. Tudo o que você vê acontecer neste pedaço de mundo espiritual atende aos desejos do Criador e ao que Ele planejou sempre em vista de nosso desenvolvimento. Ele nada criou para ser definitivamente destruído. Luiz retornou a esta colônia como uma criança doente e indefesa. Foi tratado, cuidado como filho, cresceu, estudou, adquiriu uma profissão que pode ser útil a si mesmo, à família que o acolheu e à comunidade de forma geral.

– Bem semelhante à vida terrena, Josué.

– Bem semelhante, amigo, porém com diferenças substanciais. Nosso plano possui características próprias. Somos espíritos em evolução, temos um perispírito a revestir a essência espiritual e nosso corpo espiritual é por enquanto bastante denso.

– Ele se modificará um dia? – perguntou Jovino bastante empenhado em aprender.

– Sim, Jovino; nosso perispírito, também conhecido como túnica espiritual, vai se purificando paulatinamente no plano físico e aqui no mundo espiritual. Pelos esforços que fazemos para erradicar defeitos e imperfeições essa túnica vai ficando alvinitente e muito sutil, até o ponto de se achar que ela não existe mais. O perispírito é o verdadeiro manto que reveste o espírito e nunca se separa dele, como ensina *O Livro dos Espíritos*. O espírito é o princípio inteligente; é uma "chama" que se manifesta em cores diversas, variando da sombra ao brilho do rubi, na dependência da sua pureza. Quando o indivíduo reencarna é o perispírito que modela o corpo de carne e acompanha o espírito como um fiel escudeiro, de acordo com o arquivo mental que ele construiu.

– Linda explicação, Josué, pena que o padre Martinho, meu confessor, nunca pôde fornecer explanação tão clara a respeito da túnica espiritual a que Jesus se referiu na parábola.

– Não teve explicações para oferecer porque o Espiritismo não foi aceito pela igreja no século XIX. No seu caso o referido sacerdote poderia ter se desvencilhado do poder coercitivo da Igreja e ter se informado sobre as obras kardecianas. O Espiritismo não veio para formar um grupo à parte do Cristianismo. Veio para toda a humanidade terrena, para todas as culturas e religiões. Como luz que vem do céu, as verdades espíritas servem para nortear a humanidade que se encontra meio perdida, guiada por líderes religiosos pouco espiritualizados que colocam a religião a serviço dos interesses pessoais e do personalismo dominante e arrogante. Este é o momento de a Igreja romana, detentora do número significativo de cristãos, render-se às evidências que ocorrem no meio social nos dois últimos séculos e acolher em seu seio as lições luminosas que a Doutrina Espírita oferece.

– Alguma coisa está acontecendo nesse sentido?

– Sim, nosso amigo João Paulo em momento inspirado disse que o movimento intitulado *A Paternidade Divina* estabelecido aqui repercute no plano físico dentro das paróquias humildes e assim vai conquistando a afeição respeitosa dos paroquianos e dos superiores hierárquicos, até que chegue o dia em que um sumo pontífice, corajoso e inspirado, assuma a responsabilidade de transformar o que por enquanto é apenas um projeto numa realidade que motivará o plano terreno à paz e união ao redor do nome de Jesus.

– Árabes e judeus também?

– Todos, Jovino, segundo a palavra poderosa de Jesus. Então haverá um só pastor ligando os filhos a Deus, pai de todos nós. Muçulmanos e judeus, de posse dos ensinamentos do Alcorão e da Bíblia, terão maior entendimento quando os apelos puramente materiais e políticos forem abandonados. Seremos, finalmente, um planeta regenerado.

– Josué, João Paulo tem sido recebido apenas por católicos, aqui em nosso plano?

– De uma maneira geral ele é procurado pelos fiéis dessa crença. Aos poucos os simpatizantes de outros credos se aproximam para ouvi-lo e, pela expressão de seus rostos, deixam perceber o interesse e a satisfação pelo que ouviram. Quando a preleção é feita ao ar livre, em praças anteriormente preparadas para receber um contingente maior de ouvintes, o público lota todos os lugares e alguns ainda se postam nas redondezas onde os alcança a imagem do papa em telas, e a voz em alto-falantes. Todos querem ver e ouvir um papa pregando pessoalmente, até aqueles que não se reconhecem ter passado anteriormente pela morte física.

– Existem ainda os que duvidam da existência anterior?

– Sim, Jovino, as lembranças da vida física não acompanham a todos. É preciso certo equilíbrio emocional e força mental acima da média para que os recém-desencarnados se recordem da antiga personalidade. Nesse sentido a morte violenta traz tremendo prejuízo pela confusão mental que provoca durante tempo relativo.

– Se eu não me recordasse do passado, com certeza não teria como me posicionar neste lugar. Perderia todas as minhas referências!

– Com certeza estaria muito enfermo, doutor. Em vez de ser um médico útil à nossa sociedade, seria um doente necessitado de tratamento. Para a integração da personalidade é importante a manutenção das principais lembranças, visto que de todas não conseguiremos nos lembrar tão cedo.

– Jesus se recorda?

– Jesus é um caso à parte, Jovino. Não temos condição de conhecer e interpretar a potencialidade dele, nem de outros espíritos angélicos. Pelo pouco que nossa compreensão abrange, o Mestre deve possuir um arquivo mental riquíssimo, de onde Ele possa retirar minúcias de suas lembranças sempre que desejar.

6

Jovino e Luiz no Trabalho

Como havia sido previsto pelos mentores maiores, Jovino convidou Luiz para trabalhar com ele na clínica. Luiz aceitou o convite com alegria, considerando um privilégio trabalhar com um médico bem conceituado.

Nas dimensões espirituais muito próximas do plano físico também são valorizados méritos humanos como prestígio e bom nome. Somente com a elevação espiritual dos moradores os valores por eles assumidos tornam-se diferentes, mais espiritualizados, de tal forma que não se nota tanta semelhança com o perfil dos habitantes terrenos.

Em pouco tempo duplicou-se o número de mulheres atendidas para tratamento de moléstias já instaladas e de prevenção. A verdadeira prevenção, em nosso entendimento, se concretiza com uma vida saudável mentalmente.

A enfermidade afeta primeiramente os núcleos sutis da alma para em seguida manifestar-se em um dos corpos que revestem o espírito. O perispírito tem sido entendido como uma peça única, mas insistimos que ele se apresenta em camadas, cada qual podendo ser considerada como um corpo distinto, cujo conjunto serve de sustentáculo ao espírito propriamente dito.

Exames preventivos são válidos porque favorecem o tratamento antes que a doença aprofunde raízes no corpo de manifestação, físico ou espiritual. A melhor prevenção é a pureza de pensamentos, de sentimentos e de atitudes. Se o indivíduo ainda não atingiu esse estágio desejável de pureza, pode se beneficiar dos tratamentos em clínicas que são eficientes nas colônias, introduzidas e mantidas por um governo central interessado na saúde e no bem-estar da população. Existe espaço para atendimentos particulares. As pesquisas médicas são extremamente criteriosas e os laboratórios contratam profissionais competentes.

É evidente que se há demanda de profissionais competentes há necessidade de formação. Temos escolas com diferentes níveis de ensino, desde a alfabetização, passando pelos cursos intermediários até a formação superior.

Luiz, o filho de Jovino é um desses profissionais competentes e conscientes. Os pais adotivos levaram a sério o processo de formação dele, desde a infância até a maturidade, abrindo-lhe a possibilidade de atuação na clínica conceituada em que Jovino responde pela ala de ginecologia e obstetrícia.

As enfermidades que deve tratar tiveram início no perispírito, no órgão que corresponde ao corpo espiritual. Algumas mulheres chegam à clínica com dificuldades remanescentes da vida terrena, distúrbios causados pelo mau uso do centro genésico e resquícios da prática do aborto criminoso. Todas recebem tratamento e a cura fica na dependência do estado emocional e espiritual da enferma. Há casos que demandam anos de tratamento depois de cirurgias complexas.

Para Luiz, por ter sido criado na colônia tudo era muito corriqueiro. Jovino, entretanto, abismava-se com a situação enfermiça de pessoas que experimentaram a morte física. Para ele, o mais habitual seria que essas pessoas tivessem deixado no corpo de carne as sequelas das enfermidades. Aos poucos, ele foi aprendendo pelo exercício da medicina as peculiaridades do corpo espiritual.

O curioso Jovino, em uma oportunidade que se apresentou, quis saber de Josué como é que o povo, de forma geral, entendia o processo de nascimento, vida e morte no mundo espiritual. Atencioso ao dever de esclarecer, Josué deu-lhe a seguinte explicação:

– Jovino, para facilitar sua compreensão vou explicar assim: no mundo terreno os seres nascem, crescem, vivem e morrem; a maioria não cogita de onde veio, visto que não tem ideia da origem espiritual. As religiões interferem e tentam ensinar que todo corpo carrega em si um espírito ou alma que o anima. Somente o Espiritismo aprofunda o esclarecimento. Aqui a situação é semelhante. Somente em regiões altíssimas a verdade é mais reluzente. No mundo espiritual elevado os espíritos conhecem as verdades espíritas e se conduzem no dia a dia de acordo com tais conhecimentos.

– Reconheço, Josué, que em nosso meio existe uma porcentagem da população que desconhece a origem e o destino da existência. São pessoas que nasceram no seio de uma família, foram educadas e preparadas para a vida. Noções de fé lhes foram transmitidas pelos pais dentro do lar ou nas igrejas por sacerdotes, pastores e ministros. Poucos guardam, como eu, a certeza e a lembrança da vida anterior. Estou certo?

– Certíssimo, Jovino. São poucas as pessoas que conservam a lembrança do passado, mesmo que tenham chegado por aqui adultas. São enfermos necessitados de regressão de memória para se curar. As terapias em casas espíritas ajudam muitíssimo nesse sentido.

– É diferente o estado mental dos que regressam do plano terreno em relação aos que renascem por aqui?

– Vamos recordar, Jovino: a gestação em nosso plano é um processo mais rápido que produz o esquecimento do passado da forma como ocorre na Terra. Todos, tanto aqui como lá, carregam a sensação de estar partindo do zero ao recomeçar sua nova vida.

– O esquecimento, pelo que entendi, é uma bênção quando se trata de espírito endividado!

– Foi bondade de Deus estabelecer as coisas assim, doutor. Enlouqueceria a mente humana se recordasse com clareza o que foi e o que fez em vida pregressa, quando suas ações não foram boas e praticou o mal abusando da inteligência.

– A estrutura familiar é semelhante à que conhecemos na Terra?

– Não poderia ser essencialmente diferente. Há milhares de séculos os espíritos estão se ajustando ao convívio familiar, desde a fase animal em que fizeram os primeiros treinos para viver em coletividade. Os moradores do mundo espiritual são pessoas que conviveram no plano físico e estão com constância indo e voltando ao plano terreno depois de estágio mais ou menos longo no mundo espiritual. Se não houvesse um ponto comum entre os dois mundos haveria um grande choque com essas idas e vindas.

– Acho que nos preparamos para este estágio familiar atual desde muitos milênios!

– Sim, Jovino, a humanidade que conhecemos deu os primeiros passos da existência na animalidade, até que o Senhor a considerasse apta à racionalidade. O pensamento se tornou contínuo, o senso moral se impôs em sua conduta, o livre-arbítrio se fortaleceu e a inteligência despertou com novas luzes. Estava aberto o caminho para a fase hominal. Durante milhares de anos os homens percorreram o território terreno e evoluíram o suficiente até os tempos em que vivemos.

– Poderia ter sido melhor, Josué?

– O que ouvimos dizer é que Deus não tem pressa. Como um pai prestativo Ele compreende que as criaturas que criou têm um longo caminho evolutivo para percorrer. Os espíritos passam pela infância espiritual à semelhança do corpo físico; passam também pela adolescência e juventude até atingir a maioridade. Assim vão aprimorando os dons e talentos que jazem adormecidos dentro de si. Jesus, um Ser espiritual em plena maturidade, quando esteve entre nós deu prova de uma maioridade até então desconhecida; compreendia em profundidade a alma humana, sabia de seus anseios e dificuldades.

– Ele também se aprimorou ao longo do tempo?

– Ao longo de eras que desconhecemos, em mundos também desconhecidos. Quando nasceu entre nós era o protótipo de homem perfeito que os profetas descreveram e os povos orientais esperavam.

– Povos orientais, Josué? Não seria apenas o povo judeu?

– O povo judeu com maior precisão, mas a vizinhança também conhecia as profecias, o que explica a visita dos distantes reis magos ao Menino que chegou!

*

Tendo em vista a Semana Santa que os povos cristãos comemoram, trouxemos para os amigos leitores a palavra do irmão José, em conferência que fez a um grupo de fiéis de diferentes religiões, no andamento do projeto *A Paternidade Divina*.

Reflexivo, o amado mentor se dirigiu ao público presente na ampla catedral de nosso plano. A assembleia distinta se reunia no auditório extenso, com aproximadamente mil e duzentas cadeiras ocupadas por elementos católicos, muçulmanos, judeus e espíritas, sendo esses últimos em número menor. As três religiões dominantes reconhecem os feitos de Jesus e o reverenciam de maneiras diferentes, todas identificando nele um Homem de grande poder e sabedoria. O clero católico com quem nos contatamos abriu mão da divindade de Jesus sem deixar de honrá-lo e reconhecer que Ele é o caminho para se chegar ao Pai.

Observando, emocionado, a plateia numerosa, depois que João Paulo proferiu oração fervorosa, irmão José se dirigiu aos circunstantes:

"Queridos amigos, que Jesus nos abençoe hoje e sempre. Reunimo-nos, nesta semana considerada santificada em que relembramos os acerbos sofrimentos por que passou o Homem de Nazaré, por levar uma mensagem de amor e paz que contrariava os interesses da classe dominante de Israel.

Jesus, ao que sabemos, não veio ao mundo terreno para sofrer. O sofrimento nunca foi uma opção do Messias, mas Ele suportou as dificuldades e superou todas as contradições para transmitir o recado que o Pai determinou.

Ainda hoje, irmãos, a oposição ao mandato de Cristo torna-se ferrenha porque forças contrárias ao Bem tentam se impor à ordem social, econômica e política dentro do globo, insensíveis ao mal-estar que produzem as ameaças de guerra e o terrorismo, em nome de falsas premissas religiosas que abominam a liberdade de pensar e de agir de extensa população terrena.

Cristo continua sofrendo, simbolicamente, na pele do irmão que chora, que tem fome, que se amedronta e foge para limites desconhecidos em busca de uma terra também prometida."

Fazendo breve pausa, sentimos que o orador fizera repentinamente uma viagem mental pelo plano terreno e, emocionado, vimos que lágrimas cristalinas brilhavam em seus amoráveis olhos. Os ouvintes também se emocionaram e aguardaram que o orador retomasse a palavra.

"Amigos, que santificados sejam todos os dias de nossa existência. Que realizemos em nós, filhos de Deus, a imagem santificada do Homem de Nazaré, que um dia, por mercê de Deus encontramos no território da Palestina pregando a paz, o amor e a fraternidade entre os povos. Seu olhar nos inspirava enquanto seus lábios nos convenciam proferindo palavras inefáveis que traziam promessas de vida eterna, conforme o apóstolo Pedro entendeu com prontidão.

Seu verbo inflamado ainda ressoa entre nós, de forma direta pelo registro dos evangelistas ou de maneira indireta pelo registro dos profetas que o antecederam, e o sucedem ainda na literatura abençoada pela mediunidade sublime. Muito se tem escrito em nome de Deus e entendemos que Deus é o autor de todas as obras que aliciam para o bem, para o equilíbrio social e amor ao próximo.

O Pai não tem predileção por essa ou aquela religião que os filhos professem. Ele aguarda, com sábia tranquilidade, o instante ideal para se manifestar a todos os que tiverem adquirido olhos para ver a sua glória de criador do Universo. Nós, amigos, somos seus filhos e obra de sua vontade criadora. Procurando entender suas orientações no tempo adequado, veremos florescer ao redor uma geração próspera em sabedoria e entendimento fraterno. Quem não se enquadrar na divina proposta terá outro tempo para refletir e aprender a agir com retidão. No final, como ovelhas redimidas, serão aceitas e encaminhadas ao convívio do bom pastor."

Irmão José fez uma preleção com a alma nos lábios. Certamente relembrou o curto período de convívio com Jesus e os apóstolos em Betânia. Revivendo o aprendizado essênio quando esteve à espera do Messias, revelava o sentimento profundo que o envolvia ao falar do Mestre, de seus ensinamentos e obras em favor da humanidade. Pelo que sabemos, o notável cristão vivenciou os últimos momentos de Jesus ao pé da cruz e pela percepção espiritual viu quando o esplendoroso espírito se afastou do corpo rumo à outra dimensão.

Todos os anos a humanidade cristã se lembra da paixão e morte de Jesus, homem perfeito que ascendeu aos céus, sua pátria de origem. Importante será recordar suas lições de vida propostas nas páginas do Evangelho. O Mestre nos convidou a seguir os seus passos e a realizar as suas obras.

Um dia relativamente próximo aceitaremos o convite sublime desse Homem santo, tomaremos nos ombros a cruz de nossas imperfeições e seguiremos o roteiro luminoso que Ele desvendou para os irmãos menores. Nesse tempo, com a alma engrandecida pela sabedoria do maior de todos os profetas, entraremos no gozo do Senhor em um planeta regenerado, habitado por almas escolhidas que conheceram o Mestre e se encaixaram em sua proposta redentora.

*

Terminada a preleção do irmão José, o ar recendia o perfume de flores. É sabido que palavras de amor e sabedoria impregnam o ambiente com fluidos poderosos. Ambientes bem frequentados fazem bem à saúde de encarnados e desencarnados. Com organismos semelhantes, seres humanos no corpo denso ou em corpo espiritual são beneficiados pelas vibrações harmoniosas produzidas pelas palavras vibrantes de fé, amor e compreensão. Pelo contrário, emissões de rancor, vingança e promessas de retaliação podem enfermar o organismo físico e perispirítico, situação tanto mais grave quanto maior for o tempo de exposição aos fluidos deletérios.

No plano físico e no plano espiritual a saúde do ser humano é fator de preocupação pessoal e social.

Em nossas colônias a preocupação com a saúde é prioritária sobre qualquer ramo de atendimento. Ao atendimento médico só se iguala o setor da educação que visa ao aprimoramento das potencialidades humanas. Jesus, como sempre, é nosso modelo. Aceitou ser chamado de Mestre e nos convidou ao aperfeiçoamento dos talentos e aptidões até à condição de perfeição.

Educar os espíritos é causa sublime a que se dedicam os seareiros do bem, independentemente de serem católicos, protestantes, espíritas, budistas, judeus ou muçulmanos. Credos de menor expressão também buscam a evolução de seus crentes e na maioria se unem aos projetos de educação que tramitam pelo mundo dos espíritos.

O mundo terreno é cópia infiel do espiritual, que se revela mais ordeiro e bem-organizado. Na Terra, vemos cursos eficientes serem ministrados a crianças filhas de pais abastados, com poder para adquirir material didático enriquecido e variado. No plano terreno, as crianças pobres são relegadas às escolas públicas, mantidas por governantes despreocupados com valores morais e espirituais. As escolas terrenas, sobrecarregadas por alunos desnutridos e desmotivados, não atendem ao padrão de excelência que encontramos em algumas cidades do mundo espiritual. O tédio e a desmotivação conduzem ao abandono escolar, situação que não ocorre em nossas colônias.

Não fazemos milagres, apresso-me a esclarecer, antes que o leitor desavisado encaminhe o raciocínio pela trilha do miraculoso, característica do pensamento ingênuo e mágico. Não há milagres, apenas existe boa administração, leal, honesta, realizada por homens desencarnados de bem, que na maioria das vezes desceram de regiões superiores onde imperam os preceitos divinos de liberdade e igualdade entre todos.

Quando inexiste o interesse pelo dinheiro – tenha esse o nome que tiver –, os administradores realizarão um trabalho mais justo e correto, distribuindo o pão para todos, inclusive o pão do conhecimento e da sabedoria. Os cursos formais são diversos depois da necessária alfabetização, satisfazendo às necessidades econômicas e sociais da cidade. A educação que não é essencialmente utilitarista está voltada para a inserção do indivíduo nos diversos modelos econômicos, de onde retira o sustento e satisfaz ao desejo de autor-realização.

A filosofia que norteia a educação é espiritualista; a escola, em nosso meio, dissemina os pressupostos espirituais propostos por Jesus e esmiuçados por verdadeiros líderes espirituais entre os quais se distinguem pedagogos renomados como o mestre de Lyon – Allan Kardec.

A falange espírita continua a contar com a presença valorosa de homens como Francisco Cândido Xavier e Karol Wojtyla, mais conhecido como João Paulo II. Na mais recente encarnação eles viveram entre os homens como autênticos cristãos obedecendo com rigor os ensinamentos de Jesus, cada um dentro de sua esfera de ação.

Como temos dito, não é o rótulo religioso que salva e ilumina, mas a prática criteriosa do bem que ambos souberam exercer e exemplificar para boa parcela da humanidade. Foram, na Terra, espíritos de escol que Jesus colocou no lugar certo e na posição exata para que fizessem prosperar o senso de justiça e bondade que os identificariam como agentes das forças do Bem.

A militância católica é bem forte e estruturada, contando com a experiência de vários séculos na direção de educandários e universidades no plano terreno. Quando as forças são somadas e não se dispersam por conta de personalismos inúteis os frutos se fazem colher em forma de harmonia social, que conduz ao desenvolvimento da coletividade.

Questionado por amigos interessados na leitura de nossas obras literárias sobre o porquê de me ocupar com o lado otimista do mundo espiritual, enquanto outros espíritos informantes dão ênfase ao lado sombrio de regiões lúgubres ou trevosas, só encontro uma explicação: já se escreveu muito sobre a região do umbral e das trevas que considerei, aconselhado por mentores, eliminar o medo e mostrar o lado luminoso da esfera espiritual, onde o desencarnado é acolhido como irmão e considerado um cidadão de primeira classe nas diversas cidades espalhadas por um mundo novo, concreto, tão sólido quanto a Terra é.

Não somos contrários à descrição das regiões inferiores do mundo espiritual para onde vão almas em desequilíbrio, que possuem corpo espiritual pesado, tão denso que por vezes o indivíduo não percebe que desencarnou e tenta se comportar como se encarnado estivesse. Essas almas reunidas pela emissão de pensamentos conturbados criam ao redor de si um ambiente ruim e desconfortável, que os narradores do além se comprazem em descrever para os encarnados sob diferentes denominações. Eles narram uma história real de sofrimentos severos, de agressões de ódio e de jugo cruel sobre os irmãos de força mental deficiente que são escravizados e submetidos a torturas degradantes.

Felicita-nos a possibilidade de descrever regiões luminosas que não alcançam ainda o brilho de regiões paradisíacas, mas servem para refazimento após as lutas travadas no mundo terreno e são úteis para dar sequência ao desenvolvimento moral e mental dos moradores. As moradias que descrevemos atendem às características evolutivas dos desencarnados, razão pela qual se notam diferenças significativas em sua organização social.

Todas as construções dos mundos físico e espiritual têm sua origem no fluido cósmico que é o plasma divino ou hausto do Criador, do qual surgiram constelações e sóis, mundos e seres, numa criação em plano maior, dando origem a habitações cósmicas de múltiplas expressões. Dentro das mesmas bases, tomando como referência a obra magistral de André Luiz, pela psicografia de Chico Xavier (*Evolução em Dois Mundos*), são criadas as regiões inferiores a que nos reportamos, numa criação em plano menor, por mentes mais frágeis que assimilam os corpúsculos da matéria com a energia espiritual que lhes é própria.

7

UM MUNDO NOVO

Desencarnar faz parte do cotidiano da humanidade. Historicamente, a morte do corpo físico foi encarada das mais diversas maneiras, mas no fundo permanecia a certeza da continuação da vida em outra esfera, em outra situação.

Os estudiosos do comportamento humano identificam na humanidade o desejo de sobreviver à destruição das células corporais, com a perpetuação da existência em outras dimensões. Ainda hoje identificamos no comportamento dos indivíduos terrenos essa crença de superação da morte e de reencontro no chamado Além de um mundo novo, tão concreto como é a Terra.

Ao ditar estas linhas vêm-me à memória as surpresas que me atingiram logo que desencarnei e adentrei este mundo especial. Muitas eram as perguntas para as quais procurei respostas junto dos chamados mentores, título genérico que os cristãos-espíritas dão aos irmãos mais iluminados que receberam do Alto a incumbência de projetar situações de esclarecimento para os novatos, entre os quais me incluí com bastante boa vontade.

Tudo foi questionado pelo aluno neófito que me tornei: quais as características do solo, do ar e da água? Como explicar a topografia e a localização geográfica das numerosas colônias?

Muitas dessas inquirições traduziram-se em mensagens destinadas primeiramente à família e que, na sequência dos anos, transformaram-se em obras literárias que caíram no gosto das pessoas.

Algumas dessas pessoas ficaram surpresas com as revelações que àquela época (década de 1970) não eram comuns na literatura espírita, por tratarem com detalhamento a vida nos bastidores espirituais, exceção feita à maravilhosa obra de Chico Xavier na coletânea André Luiz.

De lá para cá, muitos livros enviei que retratavam as atividades realizadas nos dois planos, ou nos dois mundos que se tornaram minha oficina de trabalho. Sempre fiel à orientação superior, limitei-me ao que era de bom senso revelar, às informações que servissem de consolo e fornecessem esperança às famílias pesarosas como a minha, pela ausência de um ser querido. Comovia-me até as lágrimas diante da fatalidade que ceifava indiscriminadamente vidas de adolescentes e jovens, atingidos pela desgraça da droga e suas consequências.

O tempo que se esgota para os encarnados modificando-os, passou também para mim e as responsabilidades cresceram. Hoje, me encontro engajado na proposta que genericamente intitulamos A Paternidade Divina. São ações evangelizadoras dentro da proposta de Jesus que revelou Deus como pai de toda a humanidade e que ama todos os filhos com inexcedível amor e benevolência. Cada grupo religioso trabalha essa ideia da forma mais condizente com sua índole e critérios culturais. Todos são ouvidos e respeitados de igual maneira, numa união de forças sem precedentes na história espiritual da humanidade.

Com exceção dos que se dizem ateus e insistem em manter-se assim, a maioria dos espíritos que habitou países cristãos abandona o pseudoateísmo e se rende ao pensamento teísta, dentro da crença religiosa que lhe ofereça maior afinidade. Alguns se recusam a fazer parte de qualquer grupo religioso e são ótimos parceiros na feitura do bem, dentro da organização social e política.

Ao registrar o termo "política" vieram-me à lembrança os primeiros momentos vividos numa colônia e a percepção da existência de órgãos governamentais. Em princípio estranhei, considerando se até depois da morte teria de lidar com políticos, eu que fui um aprendiz de cidadão na capital do país e sempre estive atento aos problemas sociais que desde sempre foram numerosos.

Ao desencarnar, trouxe na bagagem mental as reminiscências de problemas vividos em minha curta existência e as possíveis soluções que a classe estudantil oprimida desejaria que fossem implementadas. Tudo serviu de experiência e embasamento quando me tornei auxiliar do projeto que ampliava o número de colônias espirituais, que a Espiritualidade Maior incentivou para abrigar o novo contingente que batia à porta dos núcleos existentes e carecia de acolhida fraterna digna.

Acredita-se que a população desencarnada acolhida no mundo dos espíritos seja quatro vezes maior que a população dos encarnados na Terra. No vaivém das reencarnações, os dirigentes espirituais à semelhança dos governantes terrenos ocupam-se em receber e acomodar os irmãos que ainda não tenham residência anterior definida no plano espiritual. A evolução provoca mudanças constantes e ocasionais no perfil psicológico e espiritual das criaturas humanas, provocando a necessidade de construção e reconstrução das moradias do astral, visto que o solo planetário é firme e coeso, o que viabiliza as novas construções.

Se não foi possível concluir o curso de engenharia no plano físico, no mundo dos espíritos tenho tido sobejas oportunidades de ampliar conhecimentos e colocá-los em prática de forma sistemática e profissional, adiantando-me em conhecimentos que são mais evoluídos por aqui. Temos mestres mais bem preparados, conhecedores de material de estudo aprimorado. Nossa tecnologia é surpreendente em relação à terrena. Às vezes, importamos tecnologias de dimensões superiores, dando impulso aos nossos conhecimentos e possibilidades.

Temos reiterado com frequência e é bom que se repita: o mundo espiritual próximo à Terra é bem concreto, formado de matéria diferente daquela que os amigos encarnados conhecem. Temos amplas rodovias, pontes, viadutos, vias férreas e aéreas, todo esse patrimônio construído pelo suor dos operários.

Os leitores cristãos-espíritas fiquem atentos: não existe outra maneira de construir essas cidades a não ser colocando a mão na massa, planejando e executando. Desconhecemos alguém que se queixe do esforço, pois é assim que a Lei do Trabalho (descrita em *O Livro dos Espíritos*) se cumpre no território espiritual, possibilitando aos moradores a aquisição do pão de cada dia, o pagamento das moradias financiadas e a manutenção do guarda-roupa de acordo com o gosto de cada um.

Quando por aqui cheguei, adaptei-me facilmente às mudanças de vida. Nada me faltou do essencial e até algum supérfluo pude adquirir, como um objeto para presentear um amigo ou amiga. Temos comemorações em nosso plano, religiosas e sociais, condizentes com a cultura de nossa gente.

Nada nos falta do essencial. Fiquem tranquilos os pais que veem partir crianças em tenra idade, pois serão cuidadas como filhas do coração; receberão cuidados paternais e crescerão à sombra de uma assistência social consciente e responsável. Sempre que necessário haverá o estudo da árvore genealógica da família para que se faça o encaminhamento do menor, sem maiores traumas e sofrimentos.

*

Tomemos como exemplo a situação de Luiz, filho do doutor Jovino cuja história relatamos em páginas anteriores. Antes de completar cinco anos de idade manifestou-se nele uma leucemia perniciosa que não pôde ser combatida pelo pai, renomado médico com grande possibilidade financeira.

Tudo foi feito de ordem material. Não faltaram recursos médicos para ser aplicados, inclusive o transplante medular. Somente a Doutrina dos Espíritos tem explicação satisfatória para o desencarne de crianças. Trata-se de acerto de contas com o passado culposo do espírito da criança e também da família comprometida. Nesses casos, toda a família esteve envolvida no reajuste a ser efetuado; alguns indivíduos com maior responsabilidade como o próprio desencarnante, que se fez acompanhar de pessoas que conviveram e participaram do drama pretérito.

A desencarnação em si não libera todas as lembranças necessárias para melhor entendimento da situação. Explicando melhor, a desencarnação, tal como a encarnação, provoca esquecimentos necessários e úteis para a harmonização psíquica da criatura. Embora com algum conhecimento doutrinário, Luiz não tinha consciência plena do passado espiritual. Tinha intuições em forma de lampejos ocasionais que se manifestavam em sonhos até certo ponto perturbadores. Às vezes sonhava com situação de guerra, onde agredia aldeias de civis maltratando homens, mulheres e crianças, espancados com rudeza por soldados entre os quais ele se encontrava portando indumentária militar.

Ao acordar sentia-se exausto e pesaroso; aos poucos foi acreditando tratar-se de remanescentes do passado que lutavam por chegar ao consciente. Sempre que acontecia o jovem fazia uma oração e pedia perdão para si e para os companheiros, entre os quais se encontrava Jovino como chefe do pelotão.

O comandante não ordenou o vergonhoso ataque, mas não teve força moral para controlar o grupo agressivo sob seu comando. Seu subconsciente ficou contaminado pelo sentimento de culpa, e a solução encontrada pela lei divina foi a reencarnação de ambos como pai e filho. A mãe associou-se a eles por vínculos afetivos com o filho, a quem não transmitiu valores morais sólidos que o impediriam de cometer o desatino.

A misericórdia divina é muito grande, admitimos. Não esqueçamos, porém, que a justiça também é ato de misericórdia, porque liberta o espírito culpado das pressões do psiquismo desajustado. A verdadeira justiça está gravada no íntimo de cada um, na consciência que teve formação nos primórdios da existência do ser espiritual. Naquele momento histórico do passado, ficou determinado pelo Criador que os filhos precisariam de um senso moral que lhes servisse de norteador na hora de fazer escolhas.

Quando a consciência acusa, o indivíduo pode mudar o rumo das atitudes antes da queda. Se a queda no mal já aconteceu, ele registra em si o malfeito e promete a si mesmo não mais cometê-lo. Em outro momento, o ser mais consciente quer consertar o que ficou errado e procura a própria expiação.

A Lei divina age através dos Espíritos Superiores quando há recusa em consertar o erro e mudar de direção e quando a rebeldia prejudicará os companheiros de percurso; nesse caso o indivíduo precisará ser contido, tanto na Terra como no mundo espiritual.

Foi o cumprimento da lei que alcançou Jovino, Luiz e a mãe. Não foi castigo compulsório porque Deus não precisa castigar o homem. O Criador sabe que as criaturas trazem em si a medida justa da corrigenda.

Quando Jesus explicou que seríamos julgados com a medida usada para julgar o próximo referia-se ao cumprimento exato da Lei de Ação e Reação. Todos os erros terão que ser acertados, todos os montes deverão ser aplainados, reza a sagrada escritura.

Os princípios espirituais são antiquíssimos, não foram criados no século XIX com o advento do Espiritismo. O Todo-poderoso anteviu as dificuldades que teríamos no cumprimento das Leis e colocou, em nós, instrumentos justos e necessários que nos reconduzissem ao estado primitivo de pureza, que possuímos antes da queda.

Jesus, nosso grandioso Mestre, conhecia todas as leis físicas e morais, mas não pôde antecipá-las à humanidade terrena cuja condição evolutiva era precária. Ele soube esperar para providenciar o grande momento. Passaram-se dezenove séculos e Ele enviou o Espiritismo para fazer revelações gradativas ao plano terreno. A Codificação – e não a criação das Leis – ficou a cargo de uma equipe seleta coordenada por um homem de bem – Allan Kardec.

A ideia primordial de Kardec não era estabelecer uma religião à parte do Cristianismo. Era somar aos ensinamentos de Jesus que sobreviveram ao tempo e modificações indesejáveis uma revelação nova, que estabeleceria critérios de pureza ao que já existia, ampliando o rol de conhecimentos sobre a vida espiritual e sobre a finalidade da vida no mundo terreno.

Jesus não fundou nenhuma religião, nem deixou algo escrito do próprio punho, o que poderia ter feito se o desejasse; o Mestre era um homem letrado, capaz de produzir brilhantes textos se quisesse registrar por escrito suas lições de sabedoria.

Ele pronunciou lições preciosas e se retirou fisicamente do cenário terreno. Os apóstolos e discípulos registraram palavras e atos do enviado de Deus. Houve compreensível deturpação dessa transcrição original, o que novamente aconteceu na sequência das traduções.

O Mestre se manifestaria a seguir por diferentes vozes; a mediunidade, que o Criador introduziu como possibilidade de comunicação entre diferentes esferas do espaço, se incumbiria de fazer o Cristo presente para aprofundar esclarecimentos.

A missão do Espiritismo, que dentro e fora de seus domínios ainda não foi compreendida com precisão, é de reavivar os ensinos de Jesus, aprofundando-os e adequando-os às características modernas da civilização terrena.

Nada é desperdiçado. A sociedade terrena tem evoluído gradativamente, a inteligência se aprimora e os domínios científicos se alargam seguindo orientação invisível dos arcanjos do Senhor.

*

Do alto da pátria celestial, seu verdadeiro mundo, o Mestre cuida do rebanho que o Pai lhe confiou para conduzir. Trata-se de parcela da humanidade universal que o Criador deseja que se erga da animalidade original e desenvolva qualidades morais e intelectuais.

A esse respeito lembramos as preciosas colocações de nosso mentor, Irmão José, a um grupo seleto de dirigentes espirituais de várias agremiações religiosas, pessoas envolvidas no processo de reabilitação dos seres humanos, independentemente de raça e religião. Dizia-nos ele:

– O Mestre continua atento ao lento evoluir dos moradores terrenos e dos habitantes do mundo espiritual próximos da crosta. São espíritos em processo depurador da consciência, necessitados de aprimorar a inteligência para construir uma estrutura científica e tecnológica desejável.

Nesse ponto ele foi interrompido por um jovem sacerdote que acreditava que a evolução só aconteceria sobre a crosta durante a vida dos encarnados, restando-lhe para além da morte uma residência fixa no céu para os bons, e no inferno para os maus:

– Irmão, como faremos a revelação em que acreditamos agora aos irmãos de crença que frequentarão nossos templos na Terra e estão acostumados a outro tipo de informação?

– Toda revelação precisa ser gradual e esclarecedora para não chocar – explicou com paciência Irmão José. Todo novo conhecimento partirá daqui de nosso plano para a Terra, mediante a reencarnação de pessoas que ora nos ouvem e nos compreendem.

– Então, se o senhor nos der licença, gostaria de ouvir melhor detalhamento pelo papa João Paulo, presente entre nós – insistiu o sacerdote interessado no desdobramento do importante assunto.

Presente no recinto, João Paulo se aproximou da tribuna e dos microfones, dizendo:

– Irmãos, entendo melhor do que ninguém que nos aguarda luta ferrenha contra as tradições que defendemos no passado. Será necessária uma renovação de crenças e de valores, condizentes com a fase progressista que vive a humanidade. Aqui, onde nos encontramos, todos aceitarão com tranquilidade as mudanças que deverão ser feitas no pensamento da Igreja Cristã, pois que vivem dentro de uma nova realidade. O receio do inferno está arrefecido na mente de quem passou pela morte e não encontrou maior punição do que a consciência culpada. O clero e outros irmãos que fazem essa afirmação agirão com maior lucidez e darão informações coerentes sobre a vida de além-túmulo, tomando por base as revelações que chegarão por via mediúnica em vários grupos religiosos. No seio de nossa Igreja já despontam sensitivos que promovem um movimento de renovação favorável à comunicação dos mortos. Gradualmente far-se-á prevalecer o pensamento racional, enquanto afirmações puramente dogmáticas perderão espaço nos púlpitos e nas salas de aula dos bons educandários, mantidos por religiosos e religiosas. Será um processo lento e depurador, mas confiamos na assistência do Mestre que em seu tempo logrou converter homens rudes e grosseiros em portadores de cérebros de filósofos e divulgadores de sua mensagem.

O jovem sacerdote pareceu satisfeito com a resposta do amigo João Paulo. O papa recentemente desencarnado conquistou prestígio deste outro lado da existência. Sua palavra é costumeiramente bem aceita por todos os cristãos, exceção feita a alguns seguidores extremistas do Catolicismo e seitas evangélicas. Esses, por vezes, recusam-se a aceitar novos fatos no que se refere à continuidade da vida, à comunicação dos mortos e até da reencarnação, revelando-se fechados e intransigentes com respeito aos dogmas que obedeciam no plano terreno.

Na sequência dos trabalhos de *A Paternidade Divina,* temos encontrado relativa facilidade no entendimento de irmãos de outras crenças. Com todos somos respeitosos e não procuramos impor nossos pontos de vista quando se trata de manifestação externa do culto. Participamos, quando convidados, de orações em templos umbandistas, judeus e muçulmanos. É pacífico o entendimento de que Deus é pai de todos, numa visão universalista do Todo-poderoso. As divergências, quando existem, se concentram nos atos religiosos, na maneira como as culturas determinam que devam orar homens e mulheres, tema de pouca importância para quem valoriza a essência da oração e não se prende às manifestações secundárias.

Caminhando entre os assistentes, Irmão José também foi alvo de interpelações por alguns elementos da assembleia heterogênea, ansiosa para bem entender os novos momentos vividos no mundo espiritual.

Um senhor que se identificou como seguidor das orientações de Kardec fez uma pergunta que deixava entrever certa inquietação espiritual:

– Ir. José, o Espiritismo que o tem em conta de um divulgador entusiasta, perderá terreno por conta das ideias apregoadas em *A Paternidade Divina*?

– Absolutamente, meu irmão. Mais do que nunca os horizontes da Doutrina Espírita estarão fortalecidos e expandidos, de tal forma que os postulados que ora são defendidos pelos espíritas sejam compreendidos por toda a população terrena, encarnada e desencarnada.

– A hegemonia do Espiritismo na divulgação das obras de Kardec pode desaparecer?

– Indo mais longe ao seu raciocínio direi que nunca deveria ter existido a pretensão de superioridade porque compreendemos mais rapidamente as leis espirituais. Nós, os cristãos-espíritas, devemos continuar fiéis ao mandamento de Jesus que nos estimulou a evangelizar todas as nações, levando a sua Boa Nova agora enriquecida pelos postulados espíritas.

– O futuro do Espiritismo estaria comprometido?

– De maneira alguma. Se até agora o Espiritismo não se organizou como religião dogmática e hierarquizada, a partir da regeneração que está em andamento e ganha força a Doutrina dará respostas aos anseios da humanidade em geral, independentemente da crença religiosa.

Continuaremos a nos sentir espíritas, sem sentido de posse ou de superioridade no que se refere às revelações kardequianas. Kardec trabalhou para o bem da humanidade, trazendo à luz os ensinos do Consolador. Assim fizeram os antigos profetas quando trouxeram notícia do Alto, referindo-se ao mundo messiânico, realidade que está prestes a se concretizar, cumprindo predições de Jesus, o maior de todos os profetas.

– A religião do futuro não será então o Espiritismo, como acreditamos quando encarnados?

– A religião do futuro, meu amigo, serão as leis científicas e morais que a Doutrina Espírita intenta revelar há quase dois séculos. Cada povo com sua cultura logrou captar parcela dessas leis, mas é chegada a hora de maior compreensão, apesar das condições precárias produzidas pela imperfeição humana. Chegará o momento em que a humanidade terá acesso à essência dessas leis, quando se tornar mais evoluída, capaz de adorar a Deus em espírito e verdade. Estará consumado o papel das religiões que é de conduzir as almas para Deus.

– Em Deus somos e nos movemos – adicionou o irmão espírita ao pensamento do Ir. José, citando expressiva colocação do apóstolo Paulo encontrada em Atos dos Apóstolos.

– Bem lembrado, irmão. Quando estivermos ligados ao Criador não precisaremos mais do suporte das religiões, pois teremos seguido as pegadas do Mestre e encontrado a Verdade e a Vida.

O ambiente transpirava tranquilidade. Os presentes demonstravam satisfação por fazerem parte da seleta assembleia.

Aqui, no mundo de que faço parte, gastamos nosso tempo ensinando e aprendendo, ocupando-nos das coisas que dizem respeito à vida do Espírito. Embora tendo necessidades humanas básicas e fundamentais, nossa mente está mais livre no que concerne à vida do corpo espiritual. Explicando-me bem, não precisamos dormir tanto nem nos alimentar em quantidade; nossa alimentação frugal obedece ao limite da necessidade orgânica; nosso tempo rende mais, somos mais ativos e produtivos dentro da escolha que fizermos.

*

O momento no qual vivemos sérias apreensões quanto ao destino da humanidade terrena nos move a um acentuado trabalho de divulgação das propostas evangélicas, à luz da Doutrina Espírita.

Percebemos mudanças na mentalidade dos líderes religiosos encarnados que, aos poucos, deixam de defender seus dogmas a "ferro e fogo", como nos tempos medievais. A Igreja Cristã reconheceu ter-se enganado através dos séculos e na figura do papa João Paulo II se desculpou perante o concerto das nações.

O Islamismo sofreu profundas divisões e consequentemente está perdendo força no tocante à influenciação política de seus adeptos. Sem uma voz firme e coesa acontecerá a previsão de Jesus quando alertou que toda casa dividida contra si mesma acabaria por perecer. O respeito por Alá deverá predominar com mais clareza de raciocínio e os templos islâmicos se converterão em locais de adoração sincera e lúcida, onde os adeptos recordarão a clemência e misericórdia divinas que se manifestam no dia a dia das criaturas, independentemente de sexo, etnia ou religião. O ideal islâmico e o ideal cristão se aproximarão bastante, colocando ponto final às atuais divergências que serão desconstruídas.

O Pastor da humanidade será apenas um: o Deus eterno e todo-poderoso, criador do céu, da terra e de todos os mundos do Universo. Para Ele convergirão todos os atos de louvor de cristãos, judeus, muçulmanos e seguidores de credos outros, pois terão atingido a maioridade espiritual.

Estamos fazendo o caminho de volta às origens, enriquecidos com a inteligência mais desenvolvida e com um razoável acervo de conhecimentos técnicos e científicos, sendo capazes de orientar nosso raciocínio para os aspectos mais abstratos da realidade humana.

Ao associar inteligência e bondade estaremos atingindo a revelação crística de que somos deuses, ressalvada a relatividade dessa afirmação.

Admitimos que tudo convirja para Jesus, mas não pare nele! Na liturgia cristã as preces se encerram costumeiramente com uma oferenda a Deus: "por Cristo, com Cristo e em Cristo, a vós ó Deus Todo-Poderoso, toda a honra e toda a glória".

Nenhuma honra direcionada a Jesus, a Maomé ou Moisés será maior que o preito de adoração e reconhecimento devido a Deus, entendido pela Doutrina Espírita como inteligência suprema e causa primária do Universo. Tudo deve convergir para Ele, pela compreensão de que somente Ele é Deus e criador, que não há nem deverá haver outros deuses diante dele.

Todos os mensageiros enviados cantaram a glória dele e prepararam nossa frágil compreensão para melhor entendimento das verdades divinas. Assim foi com Moisés, Jesus e numerosos profetas e santos.

Cada cultura antiga e cada povo receberam recados de Deus através de mensageiros eleitos, espíritos selecionados que falaram ao povo e se referiram ao Ser Supremo como único merecedor de respeito e adoração.

Agora é tempo de priorizar a essência em detrimento de características meramente culturais. A unicidade de Deus defendida pelo Espiritismo impõe compromisso à humanidade. Se Deus é uno e se Jesus Cristo revelou a sua face paterna na oração do Pai-Nosso, nada justifica animosidades entre os filhos, nem desejo de hegemonia de uma religião sobre outra. Todas deverão ser excelentes caminhos e roteiros seguros para se atingir um nobre objetivo: conhecer o Pai e comungar com Ele, apesar das naturais diferenças culturais.

8

UMA PEQUENA HISTÓRIA

Sabemos que o leitor tem visível preferência por histórias que ilustrem nossas reflexões. Se um desenho vale por mil palavras, uma história proporciona vasto campo para reflexão e tomada de consciência.

Arlete era uma adolescente saudável até o momento em que colocou a droga em sua vida. À primeira experimentação seguiram muitas outras, sempre em dose maior, porque o caminho da droga é exigente: com o passar do tempo o organismo se acostuma com a dose inicial e exige quantidade maior para se sentir estimulado. Para atingir as mesmas sensações o viciado aumenta a dosagem, procura drogas mais pesadas cujos efeitos são mais devastadores.

Quando os pais perceberam a situação a jovem não tinha mais força para reagir ao vício e saiu de casa, passando a morar com o namorado em um barraco dentro de uma favela.

A favela foi uma opção para o jovem par desprovido de estudo e trabalho. Com maiores recursos teriam procurado um apartamento onde gozariam de maior conforto e liberdade.

Já socorremos pessoas escravas do vício em apartamentos luxuosos, cujo poder aquisitivo é utilizado para disfarçar a situação. Pessoas mais pobres expõem-se à opinião pública pelos deslizes da conduta, como os pequenos furtos para manter o vício.

Arlete e o jovem Samuel passaram a se drogar em tempo integral, malgrado a cruzada de conscientização feita por familiares e amigos. Algumas vezes eles retrocediam e aceitavam tratamento, para em poucos meses retornarem ao hábito alienante da droga.

Pouco mais de doze meses durou o tormento paterno. Em um fim de semana chuvoso, desses em que não se tem vontade de sair da cama, os jovens sucumbiram aos efeitos devastadores da cocaína. Seus espíritos foram expulsos do corpo com violência e vagaram inconscientemente por lugares lúgubres e ermos, onde a companhia humana era tão deprimente quanto a depressão que acumularam dentro de si.

Nos primeiros momentos permaneceram adormecidos à beira de um regato lamacento, margeado por ervas daninhas rasteiras que acolheram os corpos dos jovens infelizes e proporcionaram algum conforto.

Em alguns instantes acordavam sentindo agudas dores no peito e uma prostração física e psicológica que os acompanharia por dias e semanas. Socorristas espirituais passavam por eles e consideravam oportuno que assim permanecessem por tempo indeterminado, até que seus organismos ficassem livres dos tóxicos mais pesados para que pudessem ser introduzidos em ambiente mais sutil e purificado de uma colônia.

Vez por outra eles voltavam para avaliar o andamento da situação. É preciso que se diga da possibilidade de observação a distância. Aquele sítio era monitorado por satélite de longo alcance, dentro de uma tecnologia que já está se tornando habitual no plano terreno.

Algumas informações que os Espíritos fizeram chegar à Terra foram truncadas porque não havia termo de comparação com a realidade espiritual. Os escritores do Além tiveram que se contentar com descrições grosseiras que não satisfazem as mentes mais exigentes dos terrícolas interessados em aprender.

O desenvolvimento tem origem no mundo espiritual e, de lá, caminha para a crosta. Esse é um momento propício para descrever a realidade espiritual, principalmente no que concerne ao mundo espiritual mais próximo do plano físico, portanto mais semelhante ao cotidiano dos encarnados.

*

Ao recobrar a consciência de forma satisfatória, Arlete e Samuel se perguntaram: que lugar é este? O que fazemos aqui?

Eles viviam um impasse naquela região empobrecida do mundo espiritual. Lamentamos a frequência cada vez maior dessa ocorrência, quando jovens que teriam futuro promissor em colônias bem estruturadas e progressistas são lançados, por uma ação irrefletida de sua parte, no que podemos chamar de "submundo espiritual", local ainda não colonizado por instância superior, sem conforto e sem a mínima condição de sobrevivência humana. Somente o espírito de fraternidade leva os socorristas até lá, para retirá-los quando as condições se tornam mais favoráveis.

Arlete e Samuel pensaram na morte, lembrando os avisos dos pais e pessoas mais velhas:

— Será que morremos, Samuel?

— Decerto que não, garota, você não percebe que estamos vivos? Só estamos meio tontos!

— Foi curtição demais; acho que exageramos desta vez – acrescentou a jovem demonstrando na voz certo arrependimento.

— Vamos andar um pouco por aí e quem sabe nossa memória pode melhorar... Talvez consigamos identificar este lugar!

— Dê-me sua mão, Samuel, não quero me perder neste denso nevoeiro. O chão parece lamacento e no ar paira um cheiro ruim. Nunca vimos nada igual, onde será que estamos?

— Ou melhor, como vamos sair daqui? Estou achando que morremos mesmo e este lugar é uma espécie de inferno! Ou seria o purgatório?

— O céu é que não pode ser. Além de ser um local lindo, meu querido, não fizemos nada para merecer o paraíso. Você se recorda, Samuel, de nossas aulas de catecismo?

— Que nada, menina. Não venha com pieguices logo agora. Nunca fui de frequentar igreja católica ou evangélica. Considerava baboseira tudo o que padres e pastores pregavam.

— Pois devia ter frequentado; talvez não estivesse passando por este sufoco agora.

O casal, de mãos dadas, embrenhou-se pela vegetação rasteira e miúda que lhes machucava pernas e braços. Arlete lembrou-se de rezar e pediu a proteção da "virgem" Maria. Parece que o ser humano sabe intuitivamente a quem recorrer na hora do aperto. Por isso é que se diz que se aprende pelo amor ou pela dor.

Não se viam moradias dignas naquele ambiente. Somente pobres casebres aqui e ali. Os jovens se aproximaram de um barraco, mas recuaram assustados porque não viram sinal de vida lá dentro: não havia iluminação, água encanada e nem mesmo sinal de fogo! Retirando-se para o quintal esforçaram-se ao máximo para acender uma fogueira, assim fazendo aos moldes dos escoteiros.

Arlete, que não parava de rezar em tom de súplica, dizia: meu Deus, onde viemos parar? Foi tudo culpa nossa, com certeza. Levamos uma vida de vadios, não nos importamos com trabalho nem estudo! O Senhor está nos castigando? Afinal, não fizemos mal a ninguém. Só prejudicamos a nós mesmos.

Terminada a súplica o casal sentou-se perto da fogueira para descansar. Naquele momento eles viram se aproximar dois seres de porte esguio e olhar compassivo que demonstraram intenção de dialogar:

– Vocês são Arlete e Samuel, estamos certos? Temos acompanhado o comportamento de ambos desde que apareceram nesta região que monitoramos. Estamos prontos para ajudá-los se assim desejarem.

– Claro que queremos – apressou-se Samuel a responder. – Temos tantas perguntas para fazer, mas a primeira delas é bem direta: estamos mortos?

– Mortos não é o termo, meus irmãos. Estão cheios de vida, embora estejam desencarnados.

– De-sen- car-na-dos! Já ouvi esse termo algumas vezes na vida. Significa sair do corpo de carne, não é? – foi a vez de Arlete pedir confirmação.

– Exatamente – respondeu o gentil socorrista. – Deixamos o corpo, mas não perdemos a vida. Assim quis Deus nosso Criador.

– Nosso corpo de carne com certeza já foi enterrado – acrescentou Samuel em tom pesaroso, tão pesaroso que ameaçou chorar, mas reagiu e "engoliu" o choro para não dar vexame.

– E agora, o que vai ser da gente? – perguntou Arlete com timidez. – Não sabemos nada que nos possa ajudar, nem temos como pagar por qualquer auxílio.

O socorrista sorriu e convidou os jovens para acompanharem a ele e seu grupo. Seriam ajudados em nome da caridade cristã.

Arlete e Samuel seguiram confiantes o grupo socorrista, esperançosos de encontrar abrigo em meio à desolação do ambiente.

Josué e Tobias, responsáveis pelo grupo, não perderam tempo e deram início ao esclarecimento dos jovens. Samuel era o mais arredio, mas não perdeu a chance de continuar interrogando os novos amigos com o fim de esclarecer-se e acalmar o coração acelerado. Criando coragem perguntou:

– Josué, você pode explicar por que temos um corpo vivo depois de ter passado pela morte? Se ficou claro que nosso corpo de carne já se deteriorou no túmulo, que corpo é este que trazemos?

– É a alma, Samuel, ou corpo espiritual que se plasmou pela força organizadora da mente no momento da desencarnação. Esse corpo é semelhante ao que ficou para trás, compreende?

– Sim, entendi que estamos nos manifestando mediante um corpo espiritual; depois que refletir devo entender melhor.

– Podemos visitar nossa família? – perguntou Arlete revelando ansiedade na voz.

– Agora não, amiga. O mundo terreno fechou-se para vocês desde que a droga implodiu o organismo físico desestruturando as funções vitais. A família terrena e os amigos não terão olhos para ver vocês! Por outro lado suas presenças sofridas poderiam transmitir angústia e pesar aos desafortunados pais. Somente após desintoxicação profunda com mudança no padrão vibratório de ambos poderão se aproximar dos encarnados sem contaminá-los e fazê-los sofrer.

Em certo ponto a caminhada cedeu lugar à condução por veículo especial que os levou, juntamente com outros enfermos resgatados, para uma clínica especializada ali mesmo no umbral.

Os jovens respiraram aliviados quando viram a bela instituição cercada por muros altos. No interior admiraram as salas, alguns salões para reunião e dormitórios, todos muito limpos e mobiliados com bom gosto dentro da simplicidade.

Após o banho ambos se recolheram para descansar, vestindo as roupas higienizadas que lhes foram oferecidas pelos socorristas. Seguiu-se um sono profundo e restaurador. Ao acordar, horas depois, perceberam que foram alojados em enfermarias diferentes, mas se encontravam muito bem dentro das possibilidades.

*

Arlete e Samuel são exemplos de jovens que se perderam quando mergulharam no mundo das drogas. Não eram essencialmente maus, mas não tiveram força moral para dizer não à primeira experimentação. O exemplo dos amigos arrasta mais do que o apelo dos pais. Os amigos oferecem e estimulam o uso porque querem companhia. Geralmente estão em fase solitária da vida, mergulhados em crise existencial pouco compreendida e resolvem fugir. Na fuga encontram a droga e possivelmente o crime. Eles tudo farão para manter o vício e nessa altura da dependência todas as intervenções da família se revelarão inúteis. O vício dos jovens é alimentado pelo egoísmo dos adultos traficantes que estão, conforme o dizer bíblico, "amontoando brasas sobre as suas cabeças".

Enorme é o carma de quem produz e comercializa a droga, não havendo desculpa que os exima de responsabilidade. A Lei de Ação e Reação os atingirá um dia, provavelmente em outra encarnação repleta de dores e sofrimentos inexplicáveis pela ciência médica. Não se tratará de punição divina, mas de consequência de uma consciência adormecida que sairá do sono e da letargia, ansiosa por consertar os danos causados ao próximo e à sociedade.

Existem encarnados, atualmente, espíritos de moral frágil e questionável. De um lado estão os que desejam o enriquecimento que o comércio produz. Do outro estão seres fragilizados pela própria história de vida, relegados às dificuldades extremas produzidas pela miséria física e moral, sem forças para dizer um não aos ofertadores da droga. É o caso em que a droga surge para disfarçar a fome e os pequenos traficantes retiram sua fração de lucro vendendo em portas de escola e até em vias públicas, malsinando crianças e adolescentes ingênuos.

A ação das autoridades tem passado longe de ser preventiva; procura combater o mal que já se instalou e alega falta de verba para abordar a imensidão do problema. Entendemos que essa abordagem ainda não foi prioritária. Criminalizar os adolescentes, pura e simplesmente, não resolverá a situação. É preciso educar urgentemente, tendo ao lado programas econômicos que favoreçam o emprego dos menores como aprendizes de profissões, para que gastem no trabalho o tempo disponível que estão utilizando para o mal. Hoje, mais do que em outras épocas, as religiões podem auxiliar no desenvolvimento do país, acolhendo os jovens após o expediente escolar, fazendo-os experimentar uma acolhida fraterna com assistência médica e espiritual para si mesmos e para as famílias também carentes.

O esforço conjugado da família e do Estado pode afastar a juventude das ruas, introduzindo-a em associações ou clubes que complementem o aprendizado escolar e impeçam que o convite para a droga alcance os menores imaturos.

Puni-los após o malfeito não resolve o problema, assim como as penitenciárias lotadas não estão resolvendo o problema dos adultos que voltam a delinquir.

Em nossas colônias encaramos o desafio de educar. Se os espíritos não forem educados no plano terreno precisam receber no mundo espiritual o que lhes ficou faltando, para que o processo evolutivo alcance o nível que Jesus sugeriu ao nos convidar para a perfeição.

Também cuidamos da segurança, à semelhança da sociedade terrena. Pode parecer estranha a abordagem desse tema em um livro espírita, mas identificamos a necessidade de expor a verdade aos irmãos na carne, para que entendam a continuidade da vida humana para além da fronteira do túmulo. É preciso que os educadores terrenos assumam a educação dos espíritos encarnados para que eles voltem melhorados para o Além e, mais tarde, retornem ao plano físico para constituir uma sociedade pacífica, ordeira e feliz.

O ser humano transita por diferentes esferas vibratórias enquanto se educa e se humaniza completamente. Não deve haver solução de continuidade nesse processo. Tanto na carne densa como revestidos de corpos espirituais ele deve crescer – aprendizado lento em alguns contextos e mais rápido e agressivo em outros. Enganam-se os pensadores quando apenas admitem o progresso espiritual no plano terreno. O que fariam os espíritos enquanto estivessem na erraticidade?

Estamos aqui escrevendo sobre a vida no mundo espiritual, tarefa assumida com alegria desde que os mentores entenderam ser chegada a hora de maiores e relevantes revelações. Ninguém pratica o que desconhece. Desejamos que os irmãos sintam-se responsáveis pela própria evolução, que não desconheçam o caminho que têm pela frente e que encontrem pontos para refazimento e orientação a lhes indicar a rota mais segura e eficiente.

*

Os jovens recém-desencarnados tiveram um encontro com a realidade. Eram suicidas e em situação precária chegaram ao mundo espiritual. Em uma visita que Tobias lhe fez, Samuel não perdeu a oportunidade para perguntar o que fizera de tão errado para ficar sofrendo dias naquele lugar horrendo. Vejamos as explicações de Tobias, um jovem trabalhador da seara de Jesus:

– Samuel, o corpo que você destruiu é patrimônio que o Criador concedeu às criaturas. Ele assim fez por generosidade, dentro de certas leis e princípios, para que o princípio inteligente que o anima se desenvolva e se enriqueça de conhecimentos e qualidades. Você e muitos outros o expuseram aos malefícios da droga provocando uma desencarnação precoce e violenta, burlando os projetos divinos, atraindo para si as consequências funestas desse ato.

– Não sabíamos disso – retrucou enfaticamente o jovem. – Se ao menos os dirigentes religiosos tivessem falado com maior clareza...

– Eles sempre fazem o que podem, irmão, mas não encontram ouvidos receptivos. O mesmo se pode dizer de pais, avós e outros familiares interessados no bem-estar da juventude.

– E agora, Tobias, por que ainda me sinto tão mal se o corpo de carne ficou lá embaixo, apodrecendo no túmulo? Eu não deveria estar em perfeita condição de saúde?

– É claro que não, companheiro. A criatura encarnada comanda vários corpos "acoplados", em perfeita sintonia com o corpo mental que preside as funções vitais. Quando fere um de forma violenta e contundente também fere os outros, fazendo-os se ressentir das consequências danosas.

– É como se eu me machucasse por dentro, Tobias?

– Mais ou menos assim. Por ora seu entendimento está de bom tamanho. Seu corpo espiritual foi lesado e sofre as consequências diretas do seu suicídio, mesmo que você não tivesse a intenção de morrer.

– O que me resta agora?

– Um prolongado tratamento. É senso comum no plano terreno que o suicida só deixa de sofrer quando é atingido o prazo para a desencarnação. Você vai ver que as coisas não são tão simples assim. É preciso tempo associado ao bom tratamento físico e emocional. Para os traumas do corpo espiritual temos excelentes cirurgiões clínicos e plásticos que refazem estruturas danificadas, recuperam movimentos e reequilibram funções orgânicas. A assistência aos suicidas como a todos os desencarnados é feita em nome de Deus e de Jesus. Nada, porém, os alivia da culpa e da frustração que carregam até a próxima encarnação, quando podem colocar à prova o amor pela vida, o respeito pela obra divina e a coragem de enfrentar problemas em busca de soluções.

– Tudo é consertado aqui no mundo espiritual? – perguntou o curioso interlocutor.

– Nem tudo, Samuel. Depende sempre de cada caso e da situação psicológica do infelicitado. Geralmente o conserto definitivo se dá ao reencarnar, quando se lança na estrutura de carne os defeitos remanescentes, o que explica a legião de crianças que chegam ao mundo terreno com aleijões e defeitos na audição, na fala, na locomoção e, pior que tudo, no sistema nervoso central prejudicado e incapaz de raciocinar com clareza.

– Acontecerá isso comigo?

– Por ora não temos como saber. Você e todos deste pavilhão serão submetidos a tratamentos intensivos, cada um com peculiaridades próprias. Somente ao término do tratamento básico, equipes especializadas de instâncias superiores avaliarão possibilidades e dificuldades de cada indivíduo. Um programa de reencarnação será formulado respeitando-se o carma de cada um.

– Isso não é um castigo, Tobias? Não poderia ser diferente?

– Não, não é castigo, Samuel. É consequência, pura e simplesmente. Quando uma criança aproxima a mão de uma chama, a consequência é a queimadura! Entendeu a analogia?

– Entendi. São males que preparamos para nós mesmos. Não usei de inteligência aderindo ao uso da droga. Eu que pensei que "sabia das coisas", que nada de mal me aconteceria, que poderia parar com a droga quando bem entendesse, caí "feito um patinho". Ah, se eu pudesse voltar e avisar a turma lá de baixo, bem que faria isso!

– Louvo a sua vontade de ajudar, Samuel. Em nosso meio residem muitos jovens ex-usuários da droga que prestam relevantes serviços de esclarecimento e de conforto. Mais tarde, você poderá juntar-se a eles.

– Você acha que gente, como nós, pode orientar recém-desencarnado vitimado pelas drogas?

– Vou mais longe, Samuel. Somente quem sofreu pode falar sobre o sofrimento; quem experimentou alegrias entende o que é ser feliz. Será preciso afinar o verbo, escolher palavras que vibrem otimismo para inspirar esperança. Numa sociedade cristã como a nossa, as mensagens do Evangelho constituirão alicerce firme para se encontrar novas inspirações e motivações.

– Ao ouvi-lo falar dessa forma, Tobias, lembrei-me de Jesus que se mostrou tão compreensivo com nossas fraquezas. Será que Ele também enfrentou algumas dores?

– Certamente, amigo. Ele não era Deus, era um espírito humano que atingiu a perfeição em outros orbes, há milhões, talvez bilhões de anos. Mostrou-se tão sábio e evoluído entre os homens terrenos, que foi confundido com um deus muito poderoso, que fazia os coxos andarem e os cegos enxergarem. Na sequência, a Igreja, por meio de um entendimento teológico equivocado, veiculou que Jesus é Deus, segunda pessoa de uma trindade que ela própria estabeleceu, a exemplo de religiões antigas.

– Eu sempre achei estranha essa história de trindade, Tobias. Não entendia e confesso que ainda não entendo. Minha razão aceita melhor a tese do Espiritismo, de que Jesus foi um homem perfeito enviado à Terra com a missão de conscientizar os atrasados homens que a habitavam.

– Faltavam à humanidade os esclarecimentos que o Espiritismo haveria de trazer. Aos poucos, o pensamento da divindade de Jesus está sendo atenuado. A mentalidade do homem moderno está se abrindo, e a imposição dos chamados mistérios não é mais aceita por grande parcela da humanidade. A descrença na divindade de Jesus não empobrece a liturgia da Igreja! Ele continua sendo o Espírito sábio e poderoso que Isaías descreveu, modelo e guia para a humanidade terrena. Todas as qualidades foram adquiridas por mérito pessoal. Quem seguir suas pegadas chegará até Deus, nosso Pai.

*

Tobias sentou-se por diversas vezes ao lado de Samuel com quem compartilhou conhecimentos espirituais. O jovem sedento de luz aprendia com rapidez, pois era um espírito com preparo anterior.

Pode-se questionar a qualidade do preparo de Samuel, que não resistiu aos apelos da droga e sucumbiu a uma overdose em tenra idade, antes de completar os 20 anos de vida!

Geralmente ocorre o fracasso das boas intenções formuladas no preparo da reencarnação. A boa intenção esbarra no cotidiano das dificuldades terrenas, onde a imaturidade psicológica e espiritual favorece o choque entre os bons propósitos e a fascinação pela vida mais fácil, recheada de prazeres efêmeros que prometem retorno financeiro.

Se tivesse recebido uma educação mais esmerada, com a demonstração clara de valores e objetivos nobres, provavelmente Samuel não teria sucumbido ao arrastamento.

Voltamos sempre ao tema da importância da educação dos espíritos encarnados e desencarnados. O espírito que teve origem na simplicidade e ignorância precisa de aprimoramento, e para se aperfeiçoar necessita aplicar a força de vontade e fazer escolhas conscientes, de forma a desenvolver os talentos preciosos recebidos do Criador.

A família é peça importantíssima na formação do caráter e deveria contar com o apoio do Estado através de seus organismos sociais: escolas, clubes e organizações culturais. As religiões bem-intencionadas teriam um campo fértil de trabalho na orientação da infância, adolescência e juventude.

Samuel foi uma criança relegada ao abandono espiritual por parte da família. Como católicos não praticantes, os pais não exerciam a prática religiosa nem faziam estudo do Evangelho, que feito no lar higieniza o ambiente, afasta entidades avessas ao progresso dos indivíduos e da família inteira, ao mesmo tempo em que instrui e estimula as pessoas à prática do bem.

Desde cedo alguns espíritos obsessores encontraram no lar do garoto ambiente propício à influenciação negativa. Eram espíritos que conviveram com ele em outra esfera e não aceitaram a encarnação como forma de melhorar-se intimamente. Por essa razão a família não conseguiu a adesão de Samuel nos tratamentos contra a droga.

Os pais oravam unidos ao sacerdote, mas o rapaz tinha afeição pelos molestadores espirituais com quem mantinha contatos noturnos. Quando atendia ao bom-senso, logo cedia à tentação até que o jogo terminou com uma desencarnação violenta.

Muitos espíritos jovens adentram o mundo espiritual totalmente cegos para a realidade da vida pós-morte. Ao se lhes abrirem os olhos exclamam cheios de admiração: "mas isso é que é a morte? Parece que ainda estou vivo". Outros, decepcionados, acrescentam: "por que ninguém nos falou a respeito?".

A Doutrina Espírita desde a codificação está instruindo e advertindo para a realidade que se abre após a morte do corpo físico, esse instrumento precioso que o Pai concedeu para a nossa convivência no plano terreno. Temos, porém, outros corpos perfeitamente adaptáveis às habitações extrafísicas. Quando desencarnamos somos acolhidos em outras moradas especialmente adaptadas às novas exigências evolutivas.

No primeiro impacto, o que nota o desencarnado é a semelhança da paisagem: solo, ar, água, vegetação. Depois, vem o contato com a esfera social: pessoas, instituições e produção econômica.

Os Espíritos superiores são isentos das necessidades orgânicas. Alimentam-se frugalmente, retirando da água e do ar os elementos básicos para a nutrição de um corpo espiritual delicado. *O Livro dos*

Espíritos esclarece que ao longo da evolução o perispírito torna-se tão diáfano e sutil que até parece que não existe, embora o Espírito sempre esteja acompanhado por essa veste especialíssima.

O objetivo desta obra é descrever, dentro das possibilidades, o mundo espiritual perto da crosta, que está sendo colonizado por obreiros do bem, coordenados por prepostos de Jesus. É um mundo mais denso, na medida certa, para abrigar espíritos de mediana evolução que batem às portas da espiritualidade, advindos de regiões terrenas diversas em cultura e desenvolvimento moral, carentes de acolhida fraterna e regeneradora, para que continue o processo evolutivo sem solução de continuidade.

*

Apesar da tragicidade de sua história, Samuel se encantava com o mundo que encontrou semelhante em quase tudo à sua vivência terrena.

Lembrando os meus primeiros tempos de desencarnado, o jovem procurava semelhanças e diferenças em todos os aspectos observáveis. Sentiu o ar mais purificado com ausência de elementos poluidores. Constatou a leveza da água sentindo sua pureza e talvez o acréscimo de magnetismo em seu tratamento. Encantou-se com a beleza das azáleas no canteiro central dos parques da cidade e não deixou de referir-se à beleza arquitetônica do local.

Aos poucos, desvendou os pontos principais da colônia e admirou a presteza administrativa dos homens públicos. Quanta diferença daquilo que conheceu enquanto encarnado.

Tobias e Josué revezavam-se nas explicações. Ambos eram voluntários que serviam ao bem do próximo sempre que o trabalho no hospital deixava algumas horas de folga. Eram enfermeiros formados na colônia que mantinha um sistema escolar primoroso, que educava crianças, jovens e adultos que passavam a exercer trabalho em diferentes setores da economia local.

Citar a economia no mundo espiritual pode soar estranho às pessoas que desconhecem o dinamismo do mundo dos espíritos e se prendem aos conceitos antigos, porém duvidosos, de que o desencarnado não se alimenta, não compra vestuário porque é capaz de plasmar as próprias vestes.

Nosso trabalho no presente livro visa esclarecer dúvidas reinantes até no meio espírita. As informações que foram transmitidas naquele sentido precisam ser entendidas com relatividade. Em planos superiores, os Espíritos elevados podem retirar nutrientes do ar que respiram, podem plasmar aglutinando moléculas específicas as peças que compõem um vestuário.

Lembremo-nos que além de uma força mental excelente, esses irmãos estão inseridos em contexto material muito leve e sutil que favorece a manipulação e aglutinação molecular.

No meio em que residimos ou passamos grande parte do tempo em trabalho assistencial, a matéria é mais densa porque pesados são os corpos espirituais em relação semelhante à terrena. A força mental dos habitantes do entorno terreno está em franca expansão dentro dos propósitos divinos.

Ampliamos o número de moradias no mundo espiritual com os necessários órgãos de atendimento público. Ali se estuda bastante e os laboratórios dedicam-se a pesquisas para tratar moléstias do corpo espiritual. Podemos descrever com relativa clareza e precisão o mundo que nos rodeia, enquanto que as instâncias superiores são alvos de informações recebidas de nossos mentores maiores e ficam por conta de registros e generalizações inteligentes.

*

O mundo que o desencarnado fica conhecendo após o desprendimento do corpo físico é, como se diz popularmente, uma caixa de surpresas.

Para as pessoas que viveram despreocupadas com a realidade espiritual, a surpresa é bem maior e na maioria das vezes estabelece uma estreita confusão entre o que é terreno e o que é espiritual. Muitos irmãos recusam-se a acreditar que o corpo faleceu e seguem para perto da família e dos amigos.

Alguns chegam a dizer: "se tudo é tão igual prefiro continuar com meus amigos e familiares". O trabalho de esclarecimento fica a cargo de equipe especializada no trato com recém-desencarnados. Essa equipe, composta por técnicos competentes conhecedores da psique humana, consegue colocá-los a par da verdade e, na maioria das vezes, assistem à integração deles à nova realidade.

Para a percentagem que permanece presa à ideia fixa de que se encontra encarnada, entram outros recursos adicionais entre os quais se inclui a assistência em tarefas mediúnicas.

Existe ainda outra classe de desencarnados que se recusa a aceitar a nova vida porque está apegada em demasia aos familiares que ficaram para trás. É o caso de mães amorosas preocupadas com o destino de filhos menores. Pensam que ficando ao lado deles dentro de casa podem protegê-los de maus-tratos. Com paciência, a equipe que as orienta demonstra que outras pessoas se incumbirão de educar seus filhos, contando com a intercessão de espíritos amigos que fornecerão energia e boas intuições.

Criaturas que desencarnaram por força de agressões violentas resultantes de ações criminosas de ambas as partes formam um contingente mais difícil de lidar. Por terem vínculo com falanges do mal, se associam aos antigos comparsas e seguem quase imediatamente para os redutos da quadrilha.

Nem todos os moradores do baixo astral são espíritos de pouca inteligência. Muitos são moradores antigos e conhecem a diferença entre o mundo feio em que vivem e as colônias harmoniosas e organizadas para onde vão os espíritos de boa vontade.

Por que fazem a pior escolha?

Porque sabem que nas moradas organizadas não poderão entrar do jeito que se apresentam; precisarão de disciplina e disposição para evitar o mal e praticar o bem. Precisarão passar por uma limpeza interior, uma faxina moral que os coloque em condição de conviver com homens e mulheres vocacionados para o bem. Precisam ainda luzir a túnica espiritual, como alertou Jesus.

Por essas razões dissemos que o mundo espiritual se revela como uma caixa de surpresas para os que desencarnam à margem das informações. Com a prática da bondade e o exercício do amor todos podem ser acolhidos e direcionados para um local condizente com as necessidades individuais. O credo religioso é o que menos importa nessa ocasião, pois o que assinala profundamente o estado da alma desencarnada é o padrão vibratório que ela apresenta de maneira inconfundível.

9

A Trajetória de Arlete

Arlete nasceu em bairro da periferia, perto de uma comunidade empobrecida onde a droga era considerada moeda de troca para pequenos furtos. Os adolescentes adoravam percorrer as vielas atrás dos produtos ilegais, preferentemente às horas mortas da noite.

A garota não era tão pobre que necessitasse dos rendimentos que a venda ilícita proporcionava, mas o companheirismo com Samuel reforçou o interesse pelo "barato" que a maconha proporcionava e transferia aos fumantes um *status* de distinção.

Na escola os dois ainda se controlavam sob a vigilância dos trabalhadores escolares. Em casa, com muito tempo ocioso, ambos se encontravam com a desculpa dos deveres escolares e passavam a tarde a sós, experimentando outros tipos de drogas consideradas mais atraentes, quando o dinheiro furtado da carteira dos pais possibilitava a aquisição.

Nesse período que descrevemos, os jovens eram assediados por espíritos obsessores que visavam a atingir as famílias através da fragilidade juvenil. Muito raramente os pais interferiram, somente quando os sinais se tornaram tão evidentes que não havia mais como esconder. Os momentos de confronto tornaram-se tensos e agressivos. Sem uma convicção religiosa que os apaziguasse, os garotos apelaram para uma solução radical: alugar um cantinho na comunidade e fazer dele um quartel-general onde pudessem receber amigos e fumar com liberdade o baseado conjugado com a cocaína, sempre que o dinheiro se fizesse mais fácil.

Quando a situação se apresentou como irreversível, os familiares pediram socorro ao pároco do lugar que se propôs a ajudar com a internação de ambos em uma clínica, mas já era tarde – a desencarnação era iminente.

*

Enquanto Samuel aprendia com Tobias os mecanismos da vida espiritual, Arlete conseguiu uma preceptora ainda jovem que foi encarregada de sua orientação. Era Celina, uma voluntária de boa vontade e preparada, que em reuniões semanais desenvolvia temas estruturados para a clientela jovem, em número razoável, que debatia assuntos de interesse juvenil como estudo, vida sexual e profissional.

Sobre estudos o interesse era pequeno, pois alguns jovens precisavam completar a deficiente aprendizagem terrena. A ideia da profissionalização agradava a quase todos, principalmente aqueles que carregaram para o Além alguma experiência.

Como era de se esperar, o tema que mais chamou a atenção foi a vida sexual que a maioria não acreditava existir após a morte do corpo físico.

Luciano, um garoto que aparentava 16 anos de idade, adiantou-se aos colegas procurando sanar a dúvida que o consumia:

– Celina, aqui em nosso meio a prática do sexo é permitida. Vejo que temos órgãos sexuais iguais aos da Terra, mas pensei que tivéssemos que fazer abstinência nesse setor.

– Abstinência não, Luciano. A vida aqui deve transcorrer de forma respeitosa segundo orientam os nossos dirigentes. A prática do sexo consensual é permitida e não poderia ser diferente, considerando-se que o corpo espiritual não é assexuado e tem necessidades instintivas individuais, dentro do que cada um expressa em sua faixa evolutiva.

– Acostumei-me às restrições impostas pela Igreja aos fiéis – prosseguiu Luciano com suas explicações, ocasião que Celina aproveitou para fornecer novos esclarecimentos:

– A Igreja sempre demonstrou preocupações sérias com a sexualidade dos seres humanos. Entendemos hoje que a imposição do celibato aos clérigos é contrária à condição humana dos homens que aderiram ao sacerdócio. Essa restrição aconteceu, ao que analisamos, por razões práticas e não doutrinárias. Imaginemos hoje a dificuldade que a organização eclesiástica teria para sustentar os sacerdotes e suas famílias, sem desconsiderar outras obrigações oriundas da paternidade.

– Celina, por compreender esse posicionamento é que considerei estranha a liberdade na esfera sexual após a morte do corpo!

– Consideremos que a fonte da energia sexual tem sede no espírito de onde se origina por decisão do Criador. Sexo é vida, Luciano, é energia santificada que abastece o corpo e a mente dos seres encarnados e desencarnados, enriquecendo ambos com possibilidades de criação da beleza e da superação de limitações restritivas ao voo mental.

– Sexo, então, não é só para procriar?

– Entendamos criação de forma ampla. O artista que compõe lindos quadros, o escritor com belas obras literárias, o compositor com acordes melodiosos sublimes estão liberando energias sexuais, assim como homens e mulheres que se consorciam estimulados pelo desejo de formar uma família.

– No meio terreno o sexo tem sido visto como algo pecaminoso de que homens e mulheres se servem movidos tão somente pela força do instinto – retrucou o jovem Luciano, revelando leve rubor na face. Naquela situação percebemos que ele se constrangia por estar falando sobre sexo com uma mulher jovem, pelo menos na aparência.

– As religiões sempre se preocuparam com o comportamento sexual de seus adeptos. Incapacitada de fornecer explicações científicas elas renderam-se à pretensão de controlar a conduta deles com o estabelecimento de normas e regulamentos restritivos. Assim surgiu o casamento religioso que os ministros abençoaram em cerimônias mais ou menos pomposas de acordo com convenções sociais. O sexo é criação divina para a multiplicação das espécies animais, inferiores e superiores, critério válido para o reino hominal onde se espera que o sentimento amoroso supere o instinto de acasalamento, em benefício da formação da família, célula-mãe da sociedade.

*

Luciano pareceu satisfeito com as explicações dadas por Celina, jovem que admiramos por sua formação científica confiável ao lado de senso moral irrepreensível.

No mundo espiritual, o mais importante não são os títulos acadêmicos simplesmente, mas a maneira íntegra como os profissionais se comportam. Celina não é uma pessoa religiosa da maneira convencional. Sua formação é cristã sem se filiar a uma religião propriamente dita. É uma estudiosa das relações humanas no mundo dos espíritos, onde a preocupação com o bem-estar dos moradores leva os dirigentes a criar universidades para o estudo profundo do psiquismo e das causas de sofrimento nessa área. A associação de conceitos científicos com o senso moral caracteriza o homem como ser racional, cuja inteligência deve se voltar para o bem individual e social.

Causa-nos estranheza quando leitores espíritas demonstram dificuldades de aceitar a sexualidade no plano dos espíritos. Entendemos que seja por falta de conhecimento sobre as características fisiológicas do corpo espiritual, vestimenta que cobre o Espírito e lhe é submissa. Estudos estão avançando no mundo espiritual mais do que no plano terreno, pois neste último se conjugam a resistência supersticiosa de várias religiões com os bloqueios e traumas sofridos pelos indivíduos em agressões injustificáveis.

Em tempo relativamente curto entender-se-á que a evolução, para realizar-se, exige que se tome e se descarte corpos na Terra e no Além, o que só ocorrerá com a união dos elementos masculino e feminino durante o ato sexual que deve ser consciente e responsável, respeitoso e amoroso. Possivelmente, em esferas mais elevadas o "casamento" entre os elementos masculinos e femininos se processe de forma diferenciada, como ensaiam os estudiosos terrenos em experimentações de laboratório.

O tabu sexual tende ao desaparecimento e os seres humanos encarnados e desencarnados mais bem preparados aceitarão o intercurso sexual como atividade normal e enriquecedora para homens e mulheres.

A exaltação da virgindade para a mulher e do celibato para sacerdotes foi determinação doutrinária da Igreja quando visou a coibir abusos em seminários e mosteiros, gerando a problemática que mais se acentuou ao longo dos séculos.

A castidade proposta no mandamento divino ("não pecarás contra a castidade") não condenava os instintos que são criação divina e auxiliam o homem no seu desenvolvimento psicofisicoespiritual. O sexo é uma bênção e como tal deve ser compreendido. O uso correto dele gera corpos que serão comandados pelo espírito no percurso evolutivo.

A busca desenfreada do prazer orgástico causa desajustes psicológicos sofríveis a se refletirem em encarnações posteriores, com inibições no centro de força genésico provocando esterilidade que impossibilita a procriação.

A melhor solução é o amor. Esse nobre sentimento prepara homens e mulheres para assumir a paternidade e a maternidade no momento ideal para o casal.

*

Satisfeito com as informações recebidas, o jovem Luciano que estava de olho em Arlete sentiu-se autorizado a aproximar-se e declarar seu interesse. Os jovens formavam um belo par. Os olhos esverdeados de Luciano criavam agradável contraste com o castanho-escuro de Arlete.

Parece que o amor ardoroso que ligou a jovem a Samuel não resistiu às novidades da nova vida. Um namorado veio a calhar em momento em que ela necessitava de apoio emocional.

Samuel integrou-se rapidamente ao grupo coordenado por Tobias e Josué e deu passos largos no caminho da compreensão do que é a vida no mundo espiritual. O envolvimento afetivo não era importante para ele naquele momento. Samuel e Arlete partiram para um novo objetivo de vida no Além.

A história que estamos relatando bem poderia referir-se a jovens encarnados, mas neste caso se trata de dois jovens desencarnados residentes em uma colônia espiritual.

A vida nas colônias assemelha-se bastante à vida no plano terreno. As pessoas carregam ao desencarnar os medos, anseios e pontos de vista pessoais que procuram reproduzir no novo ambiente.

Quando a situação ameaça sair do controle o novo morador precisa do incentivo do tratamento e do aconselhamento fraterno.

Há bons psiquistas no Além e o tratamento psiquiátrico é realizado sob novo entendimento, pois todos os médicos conhecem a dinâmica espiritual. Temos excelentes hospitais psiquiátricos para os casos mais graves que exigem internação, de portadores de doenças mentais que colocariam em risco o bem-estar da sociedade; os portadores de alienações gravíssimas não poderiam ser tratados no seio familiar.

No mundo espiritual comparecem indivíduos desprovidos de referências familiares porque permaneceram tempo demasiadamente longo na sombra das regiões trevosas, distanciados dos afetos do passado. Em sua solidão só podem contar com o auxílio fraterno dos irmãos que se dedicam ao bem sem nada esperarem em troca.

Nesses hospitais os enfermos agrupam-se em departamentos específicos, de acordo com o grau de insanidade manifestado. À medida que melhoram são removidos para outro ambiente, da forma como os alunos de uma escola terrena são promovidos ao final do curso.

Todo o atendimento é feito sob a tutela dos governantes, sendo um trabalho consciente e eficiente. Quando não se obtém cura total o indivíduo consegue melhor qualidade de vida, até que possa no tempo conveniente mergulhar na carne densa como finalidade terapêutica.

Sabemos que em nossa pátria é permitido o aborto terapêutico. Explicamos que a gravidez, em qualquer condição que o feto se encontre, é a melhor terapia para o refazimento das mazelas do espírito. Abençoadas são as mães que trazem à vida uma criança com deficiência física, orgânica ou mental. Em curto período de existência que pode ser de horas, dias ou anos, o ser doente apresenta sensível melhora na comunicação com o mundo exterior, de onde absorve os fluidos quentes e fortes que circulam pelo ambiente terreno, comprovando que o magnetismo animal é fonte geradora de saúde e vida. Se numa sala de passe o aplicador lança de si um magnetismo curador, que diríamos do ventre de uma mãe ao contato íntimo e generoso com o filho em gestação?

Sem tecer crítica aos legisladores encarnados, fomos obrigados pelo dever de consciência a fazer o esclarecimento anterior, visando a abrir a mente dos homens de ciência a respeito da gestação feminina e sua importância para os espíritos que estão voltando às lidas na carne, ansiosos pela aquisição da saúde plena. Fechar-lhes as portas não constitui gesto generoso, pois é protelar uma solução que estaria preste a ocorrer.

*

Em uma nova história vamos encontrar Luciano, que não era portador de envolvimento com a droga. Sua desencarnação deveu-se a um acidente automobilístico quando mal completara 18 anos, idade mínima para pleitear carteira de habilitação. Cursava o Ensino Médio e preparava-se para o vestibular em Medicina.

De temperamento afável, ele era muito curioso, característica que o levou para o Além comprovando que as criaturas carregam consigo o perfil dominante. Quem é extrovertido, alegre e brincalhão desperta assim no mundo espiritual. Quem é sisudo, fechado e rabugento assim permanece nos primeiros tempos de desencarnado até que o passar dos anos e prováveis tratamentos melhorem a sua maneira de ser, polindo as arestas do temperamento.

Uma dificuldade que se revela na identificação das mensagens familiares é essa mudança interior que pode tornar o falecido irreconhecível para amigos e parentes, razão pela qual não recomendamos comunicação de espíritos desencarnados há muito longa data. Ouvimos exclamações "ele não era assim, não falava dessa maneira, não tinha sentimento religioso". O desconhecimento dos processos mentais que continuam agindo no psiquismo humano após a morte do corpo explica essa desconfiança.

Insistimos na afirmação de que o processo evolutivo da criatura humana não se encerra na tumba vazia. No afã de crescer e evoluir, os irmãos desencarnados, a exemplo do que aconteceu comigo no passado, procuram fazer cursos e ouvir conferências para obter informações mais precisas sobre o que é a vida no Além e qual a melhor conduta no novo ambiente. Em pouco tempo, a pessoa razoavelmente saudável e inteligente obtém as respostas desejadas e se ajusta à nova realidade.

Contrariando a concepção errônea que atribui certa estagnação à vida após a morte reforçamos a ideia do dinamismo e da mudança, caso contrário não haveria evolução. Se o crescimento do espírito ficasse restrito ao plano terreno, palco de contradições e distrações, certamente ainda demonstrasse significativo atraso e estaria mais próximo da origem do que do fim.

Escrevo por experiência pessoal. Aceitei todas as propostas de estudo e experimentações que os bons professores ofereceram em caráter de generosidade. De temperamento curioso e afeito aos estudos, aproveitei muitíssimo bem as oportunidades, fato que vejo acontecer com os jovens amigos que atravessam meu caminho. Chegam por vezes assustados e indecisos, mas com o tempo se recompõem e se posicionam nas colônias como cidadãos respeitáveis, úteis a si e à comunidade. Tudo depende do empenho e esforço despendidos.

Luciano era um "cara" perguntador assim como eu. À medida que obtinha uma resposta sua mente aguçada passava para a pergunta seguinte. Ao encontrar-se com Arlete ele sentiu a força da atração e foi logo se informando sobre a vida sexual na esfera nova em que se encontrava. As informações religiosas que ele conheceu eram desencontradas a respeito de uma prática muitas vezes considerada pecaminosa em alguns segmentos mais ortodoxos. Outros a toleravam, mas colocavam-na em plano inferior ao estado de castidade, reforçando a tese católica da superioridade da virgindade de Maria mãe de Jesus, antes e até mesmo depois do parto.

O desconhecimento científico do impulso sexual que tem origem no íntimo da alma e se manifesta na estrutura externa do organismo físico criou uma gama de interpretações culturais como sendo manifestação divina. O Criador não colocou a aparelhagem sexual em condição inferior no organismo humano, como os aparelhos circulatório, digestivo e respiratório, todos necessários para a manutenção da vida.

Luciano cursou uma faculdade em colônia próxima à residência. O futuro médico eliminou de si as ideias preconceituosas reforçadas nos curtos anos de experiência carnal. Aos poucos, assimilou conhecimentos novos que alimentaram as esperanças do jovem apaixonado. Após alguns anos, ele e Arlete se consorciaram dando prosseguimento à evolução proposta por Jesus: "sede perfeitos como o Pai celestial é perfeito".

*

Seguindo o exemplo de Luciano, Arlete procurou estudos que complementassem as lacunas de sua formação. O namoro com Samuel foi um atraso de vida tanto para ela como para ele. Perderam tempo com experimentações da droga enquanto os livros permaneciam nas gavetas.

Agora, numa cidade do espaço, mais esclarecida e motivada, teria tempo para refletir e refazer seus caminhos. A lembrança da vida na Terra e seu fracasso como filha a acompanhariam para sempre, mas em vez de embaraçar-lhe os passos poderia dinamizá-los no caminho da autoiluminação.

Ela jamais seria a mesma garota inconsequente que perdeu a vida corpórea numa overdose de cocaína. Se os familiares conseguissem uma mensagem sua, dificilmente a reconheceriam pelos traços de personalidade demonstrados no passado. Ela falaria de si no momento que estava vivenciando, narraria suas venturas e desventuras no mundo espiritual, revelando um amadurecimento que pai, mãe, irmãos e o próprio vigário desconheciam. Provavelmente diriam: "não pode ser ela"!

Na continuidade das comunicações, depois de alguns esclarecimentos doutrinários, eles se alegrariam ao perceber a evolução da garota e ficariam cientes de que a vida continua oferecendo aos interessados numerosas chances de reformulação de valores e aquisição de conhecimentos.

10

Uma Nova Família no Espaço

Arlete e Luciano uniram-se e formaram uma família feliz. Em tempo relativamente curto a jovem engravidou e trouxe ao mundo da colônia um garotinho esperto e muito inteligente.

As dificuldades de entendimento quanto ao relacionamento sexual foram esclarecidas e sanadas, tendo em vista a realidade em que o casal se movimentava. Luciano já formado clinicava em hospital perto de casa, numa formosa colônia descrita por nós como Colônia Esperança. Essa colônia era administrada com bastante seriedade para manter o clima de harmonia necessário entre os moradores que chegaram com experiências diferentes. Para reforçar conhecimentos voltamos a dizer que a referida cidade abrigava moradores de culturas diversificadas, predominantemente a judaica, a cristã e a muçulmana. O jovem casal se inseria no segmento cristão.

A Colônia Esperança é parte de um experimento social que visa expandir-se para o plano terreno em futuro relativamente próximo. Temos dito que as mudanças significativas de comportamento são implementadas primeiramente no mundo espiritual a fim de que os indivíduos se acostumem com a novidade e treinem sentimentos a respeito. A Espiritualidade superior que gerencia o plano terreno aguarda o momento da confraternização de todas as criaturas humanas, independentemente de raça, sexo ou crença religiosa. O primeiro passo foi dado com a globalização que aproxima os povos por interesses econômicos e facilita a aceitação das diferenças comportamentais. O planeta todo está se transformando e, mesmo devagar, o que acontece em um país repercute no outro, em período de maior desenvolvimento dos meios de comunicação e de transporte.

Enquanto os homens de pensamento analisam o lado econômico e político da globalização, os Espíritos Superiores que verdadeiramente impulsionam o globo terreno sabem que somente ao se colocar ao lado do outro o homem encarnado pode sentir as suas dores e avaliar suas necessidades. A globalização é, pois, uma metodologia que atende aos interesses espirituais dos humanos, apesar da forma deficiente e precária com que foi imposta. Se ao ideal político tivesse sido somado o ideal cristão de solidariedade e fraternidade, certamente o orbe terreno se apresentaria em melhores condições para a humanidade.

No mundo espiritual fica mais fácil uma experimentação social. O grupo é menos numeroso, é mais semelhante entre si e mais esclarecido. Os moradores são agrupados nas colônias de forma mais homogênea nos valores morais, de maneira a evitar constantes agressões e questionamentos que dificultariam a administração. A admissão numa colônia não é fato que acontece aleatoriamente, pois se na casa do Pai existem numerosas colônias, podemos inferir que os agrupamentos são pensados de acordo com os valores morais de seus habitantes, estabelecendo-se assim a justiça explicada por Jesus.

Com certeza, a administração do mundo espiritual é tão trabalhosa quanto a do mundo físico e talvez bem mais, considerando que os homens que ali habitam já passaram por várias experiências reencarnatórias, carregando consigo méritos e deméritos, anseios e frustrações que querem ver solucionados. A criatura humana nunca fica entregue a si mesma; o mundo que veio a habitar é gerenciado por Espíritos de escol, escolhidos pelas altas esferas iluminativas para dar prosseguimento à evolução. Voltamos a repetir um conceito básico do Espiritismo: fomos criados simples e ignorantes e precisamos evoluir em moralidade e inteligência. Esse princípio também se aplica aos moradores das colônias espirituais.

Após um período de adaptação, o espírito recém-liberto dos liames físicos estará apto a prosseguir em sua nova experiência, trabalhando, estudando, formando uma família dentro de seus interesses e possibilidades, como acontece no plano físico. O corpo espiritual dos espíritos em evolução tem necessidades básicas bem semelhantes às que evidenciava na Terra, entre as quais se destaca a necessidade sexual. No exercício da sexualidade revela-se a capacidade de gerar novos corpos, completando a alegria dos casais que anseiam pela paternidade e maternidade.

Não entendo que esse seja um assunto "polêmico", estando distante de nós a ideia de polemizar. Com assuntos sérios não se pode brincar e nós, desde que adentramos o mundo espiritual, temos levado a sério as advertências dos mentores. De uma maneira geral o homem terreno está preparado para entender os mecanismos da evolução, desde que lhe sejam apresentados de forma clara e racional, isentos de afirmações dogmáticas com coloridos para uma ou outra crença religiosa.

As verdades espirituais existem desde sempre e aguardavam o amadurecimento da humanidade terrena para virem à tona, retirando do inconsciente coletivo os remanescentes de preconceito e ignorância que caracterizam o berço terreno. Estamos no limiar do estado regenerativo e não podemos mais cultivar as ideias simplistas de que a vida só se realiza em completude no mundo terreno em cada experiência encarnatória.

Os espíritas e demais pessoas que admitem a reencarnação precisam ampliar o horizonte mental para compreender que as diversas existências são experiências que os espíritos vivenciam em diversos planos, cada um deles com características próprias, respeitando-se o departamento íntimo que caracteriza a essência espiritual.

Nesse contexto viviam Luciano, Arlete e o pequeno Allan. Como os pais trabalhavam, o casal contava com o apoio de dona Genoveva para os cuidados essenciais com o bebê. Era uma senhora de relativa idade que chegara ao mundo espiritual desprovida de acompanhamento familiar e adquirira experiência no tratamento de crianças bem novas, sendo muito útil aos casais que necessitavam de uma babá experiente e responsável. Para as pessoas que a questionavam ela dizia com prazer: "são os filhos que não pude trazer ao mundo".

Na sua última encarnação terrena, Genoveva foi uma parteira inescrupulosa que se dedicou às práticas abortivas. Atendia em seu domicílio na maioria das vezes, recebendo pagamento extra para uma tarefa que exigia alta especialização. Ao desencarnar sofreu em regiões purgatoriais até que tivesse eliminado a toxina mental que era alimentada pelo ódio das almas abortadas, e apreciasse o valor da vida criada por Deus. Com o passar dos anos, mais aliviada interiormente, dedicou-se a aliviar o carma cuidando de crianças de forma integral.

Assim age a lei no sentido da correção da alma humana. Deus não destrói o pecador, mas lhe dá a chance da reeducação e do crescimento. Também não se pode dizer que Ele perdoa ignorando o mal praticado. Ele corrige sempre dentro da lei suprema, não cuidando dos casos individualmente. Genoveva carrega dentro de si o registro dos abortos praticados e sente, intuitivamente, que não dará à luz os filhos que passou a desejar. Só lhe resta o conforto de cuidar de filhos alheios. Até no mundo espiritual a lei de ação e reação se cumpre.

Muitas vezes se pensa, erroneamente, que o cenário terreno é o único palco de resgate de dívidas, inviabilizando-se desta forma qualquer ação nesse sentido no mundo espiritual. Enquanto o mundo terreno for povoado por espíritos em desacerto com a consciência, os arredores desse mundo, isto é, o seu entorno com as múltiplas moradas espirituais também se regerá pela necessidade de correção dos erros praticados, registrados com clareza na consciência – esse juiz que Deus colocou no íntimo da criatura que não deixa que nada passe impune sem a possibilidade de correção.

Nesse sentido tanto faz à criatura residir no mundo terreno ou em adjacência, ela carrega dentro de si a matriz de acertos e erros, de fracassos e vitórias, para que possa consertar o que ficou rasurado e prosseguir evoluindo, reforçando as qualidades adquiridas. A sabedoria do Criador tudo providenciou em favor dos filhos!

Somente em instância superior, habitada por Espíritos livres de carma, não haverá preocupação com passados desacertos; os espíritos caminharão livres no rumo da perfeição, à espera da comunhão com potestades celestes. A consciência nesses casos estará limpa, a memória dos erros do pretérito terá se apagado e se existir será apenas como vaga lembrança; soará no íntimo do ser como possibilidades passadas de aquisição de experiência, não restarão cobranças nem recriminações.

Genoveva se inclui no caso de espírito devedor à lei e resgata no mundo espiritual um pouco de sua dívida, não em prisão, mas numa atitude produtiva, cuidando de crianças cujas mães estão impossibilitadas, para aprimorar sentimentos nobres até adquirir condição de se tornar mãe e carregar dentro de si uma das almas que um dia, num gesto de horror, ela extraiu do seio materno sem escrúpulos, movida pela ânsia de obter dinheiro.

O aborto, em qualquer circunstância, rouba ao reencarnante a chance de corrigir erros do pretérito e de recompor o corpo espiritual ou perispírito, lesado ou enfermo, necessitado de lançar na matéria mais densa os resíduos deletérios que o estejam machucando. A vida na carne soa como oportunidade sublime de retomar o crescimento espiritual, readquirindo a saúde plena e o funcionamento perfeito do organismo. Os pais que optam pelo caminho do aborto estão roubando aos filhos essa oportunidade ímpar de reajuste que Deus oferece para as criaturas em defasagem física, emocional e espiritual.

O aborto – a expulsão fria e dolorosa do feto alojado no útero materno – não tem justificativa diante da Espiritualidade superior que administra e supervisiona o plano terreno, palco de encarnações compulsórias que beneficiariam a criatura necessitada de corrigir erros que atuaram sobre o código genético, perturbando a saúde do corpo e da mente.

A visão puramente materialista da existência humana leva ao equívoco de retirar do ventre o ser enfermo, lesionado de diferentes maneiras e incapacitado de controlar o organismo físico e mental. As mães que praticam o aborto julgam estar protegendo o filho e a si mesmas de uma existência difícil, destruindo o corpo deficiente na esperança de recuperá-lo saudável, no futuro. Ledo engano, pois que, ao recusar-se trazê-lo à vida estão recusando ao filho doente o remédio que o curaria para sempre.

Entendemos que é um remédio amargo de se beber e que o sofrimento dos pais é bem grande quando os governantes se descuidam do tratamento adequado à população carente, mas a fé nos ensina que Deus tudo vê e providencia para que o sofrimento não seja superior à força dos envolvidos.

A Doutrina Espírita está entre nós para abrir os olhos de todos, para explicar que nenhum sofrimento recairá sobre pais justos e inocentes. Quem participou no passado do desajuste de um ser humano terá de abraçar na vida presente o projeto de recuperação do mesmo ser, da maneira que o cumprimento da Lei assim exigir. Postergar esse momento é contrair novos débitos que exigirão acertos futuros.

A ignorância humana em breve tempo não servirá como desculpa, pois os Espíritos estão martelando nessa tecla com relativa frequência, utilizando a mediunidade para alertar, esclarecer e convidar ao comportamento correto diante das leis divinas.

*

Antes de atingir 7 anos, Allan foi matriculado em escola que poderíamos considerar como de primeiro grau. Como qualquer criança ele precisava se alfabetizar e adquirir noções válidas de matemática e conhecimentos gerais. Como a colônia se encontra no entorno de nossa pátria ele seria introduzido no idioma de seus pais. Conhecimentos adicionais ele e outras crianças poderão receber em escolas secundárias, de acordo com o interesse da família. Na adolescência e juventude poderão se preparar para uma profissão, tendo em vista que as colônias necessitam de cidadãos conscientes e preparados para administrá-las.

Desde cedo Allan demonstrou interesse pela mecânica de automóveis, contrariando a esperança do pai de ver o filho interessado pela área da saúde. Apenas a esposa de Luciano lhe faria companhia no ministério de curar; ele, como hábil terapeuta e cirurgião, ela como dedicada enfermeira, gentil e atenciosa, que complementava as orientações médicas proporcionando aos enfermos o alívio na hora da dor e o soerguimento do ânimo abatido pela enfermidade.

Arlete, por necessidade íntima de recompor-se psicologicamente, foi encaminhada para a ala psiquiátrica da instituição hospitalar. Enquanto revia e saneava os próprios conteúdos mentais, auxiliava o tratamento e recuperação de irmãos adoentados pelo uso de droga e excesso de alcoólicos; pessoas que desencarnaram em péssimas condições de lucidez e sanidade mental.

Ela percorria a extensa enfermaria feminina avaliando e anotando os pequenos êxitos do tratamento, para propor ao responsável o remanejamento de alguns internos para alas mais adiantadas.

A jovem mãe e enfermeira ficava atenta ao drama individual de jovens como ela e era solidária com os necessitados de um ombro amigo e de uma voz forte e aconselhadora. Enquanto ensinava também aprendia. Ao ajudar na cura também promovia a cicatrização das próprias feridas emocionais.

George, um interno da ala masculina, apreciava a maneira alegre e jovial de Arlete, com quem gostava de conversar.

– Sabe, Arlete, seu jeito de ser me lembra uma irmã que deixei na Terra. Ela era compreensiva e carinhosa comigo como se fosse uma verdadeira mãe. Pena que não soube corresponder aos cuidados dela; em alguns momentos cheguei a ser ríspido e agressivo. Ainda não consegui me desvencilhar desse remorso.

– Procure esquecer, George. Faça orações por ela e certamente em futuro razoavelmente próximo poderá visitá-la "em sonho", ocasião em que poderá abrir o coração e se desculpar pelo mal que fez e pelo bem que deixou a desejar.

Em casa Arlete desabafava com Luciano, por quem nutria afeto verdadeiro, diferentemente da paixão que conhecera na Terra e que a introduziu no terreno tóxico da droga e do sexo sem responsabilidade:

– Hoje, sou feliz ao seu lado e de Allan, nosso pequeno que desabrocha a olhos vistos. Enquanto, porém, mantiver a lembrança dos descaminhos de minha última jornada terrena sinto que terei sempre uma janela aberta para a melancolia. O que você acha? O que sugere?

O jovem médico perscrutava o íntimo da esposa e procurava palavras de conforto. Não passara ele pelos tormentos que ora afligiam a companheira, mas os estudos, a maturidade espiritual e a experiência adquirida no trato com recém-desencarnados apontavam para uma cura em longo prazo, a se concretizar possivelmente após nova reencarnação.

Para não desanimá-la o marido mudava de assunto e, não raras vezes, a convidava para um passeio ao ar livre.

*

Allan foi crescendo e se desenvolvia dentro de um lar harmonizado e feliz. Luciano e Arlete não possuíam familiares residentes na colônia, mas participavam de um grupo de amigos no qual introduziram o garoto. Eram crianças que estudavam no mesmo colégio e participavam das atividades extracurriculares. Enquanto os pais trabalhavam, a babá previamente escolhida dedicava-se aos afazeres da casa e aos cuidados com a criança.

A vida infantil nesta e em outras colônias semelhantes é bem parecida com a realidade terrena. O que possibilita essa semelhança é o fato de a sociedade espiritual ser bem próxima da terrena no que se refere aos valores e aspirações; os moradores são recém-chegados da Terra e trazem para a nova realidade costumes enraizados no inconsciente coletivo que afloram na primeira oportunidade.

O tempo de infância nessas colônias é semelhante ao da Terra, portanto é razoavelmente demorado, o que exige cuidados paternos e maternos. Por serem mais prósperas e mais bem organizadas, oferecem maior dedicação aos cuidados infantis, produzindo a impressão de que essas crianças amadurecem mais depressa. As reflexões pedagógicas sobre o educando têm origem no mundo espiritual, mas são poucas as teorias que se transformam em ações no plano físico, malgrado o esforço dos poucos legisladores conscientes envolvidos no processo educacional.

Lembrando que os desencarnados "desembarcam" no mundo espiritual portando a bagagem dos sentimentos e conhecimentos adquiridos no plano terreno, não é difícil conferir a similaridade entre o mundo que há pouco deixou de habitar e o novo plano para o qual se transferiu. Os dois mundos não podem ser radicalmente diferentes nem antagônicos sem proporcionar um choque terrível capaz de desestruturar o psiquismo e impedi-lo de dar prosseguimento à própria evolução.

Quando Jesus afirmou que cada um receberia de acordo com o próprio merecimento, talvez se referisse a essa necessária adequação para prosseguir a jornada evolutiva do ponto idêntico ao da partida.

As crianças são alfabetizadas e desenvolvem a leitura de boas obras literárias, adquirindo capacidade de ler, de entender e interpretar. Aquelas que chegam por força da desencarnação precoce no plano físico também são matriculadas na escola pelos responsáveis adotivos e acompanham a educação formal como qualquer criança, visto que não guardam registro da curta vida que levaram no plano terreno. Quando adotam uma criança, os pais moradores da colônia não são informados de sua origem para que não se assustem ou se apeguem em demasia. Pequenos lampejos de lembranças podem vir à tona na alma infantil de vez em quando, e vão se tornando cada vez mais esparsos, assim como acontece na Terra com crianças adotadas. Quanto mais tenra a idade, mais leves serão as lembranças.

Identificando essa dificuldade decidimos não solicitar pedido de mensagem familiar aos espíritos desencarnados antes de terem alcançado o uso da razão (por volta dos 7 anos), porque não teriam lembranças válidas do pouco tempo de encarnados junto à família terrena.

Tão semelhantes podem ser as realidades terrena e espiritual que os espíritos encontram nos primeiros momentos da desencarnação que podem ficar confusos, sem entender se já fizeram a passagem ou se ainda estão encarnadas no plano físico.

A tarefa de psicografia de mensagens familiares oferece excelente oportunidade para clarear o raciocínio do desencarnado se ele ainda não se convenceu do falecimento anterior do corpo.

Albino, jovem que acomodamos em uma colônia para tratamento após morte violenta no trânsito, passou por um período de amnésia e não parava de perguntar quando poderia voltar para casa. Os socorristas procuravam convencê-lo da nova situação, mas o pobre moço deixara na Terra uma noiva adorada que ele queria rever a qualquer preço, considerando que tudo à sua volta lembrava o plano terreno, com exceção das pessoas que amava e que haviam "sumido" de suas vistas.

Curado das feridas físicas ele queria voltar para o lar terreno, prova evidente do seu despreparo diante da morte. Ele só aceitou a dureza da realidade quando soube que Ofélia, sua noiva, havia solicitado uma mensagem sua em uma casa espírita.

A dor foi muito forte, as lágrimas foram abundantes e o recurso que encontramos no primeiro momento foi o de enviar um recado do mentor explicando que ele estava impossibilitado. Não fizemos referências às dificuldades emocionais, mas apaziguamos o coração da jovem explicando que Albino estava amparado em clínica especializada e que acolheria o seu pedido dentro de algum tempo mais.

Essas mensagens assinadas por dedicados companheiros da espiritualidade surtem o efeito de acalmar os ânimos e de confortar com a certeza de que a vida continua em outro plano e lugar. Evidentemente que a família só se satisfaz de maneira plena quando identifica o familiar em mensagem futura, quando ele faz referência à vida que tiveram juntos e aos sentimentos que ainda permanecem.

A finalidade desse trabalho mediúnico é produzir a paz na alma de quem partiu e dos que ficaram. As pessoas que têm fé se beneficiam com a oportunidade e comprovam o que Jesus afirmou: àqueles que têm mais lhes será acrescido... O Mestre esclarecia que a evolução está na dependência de se acreditar e aceitar os ensinamentos que estão chegando.

Em tempo algum o mundo espiritual esteve tão aberto ao plano terreno. A disseminação da mediunidade não está ocorrendo sem objetivo maior. É forçoso abrir os olhos e os ouvidos para entender os recados que vertem do Além, explicam os guias maiores da humanidade. Abrir os olhos dos encarnados tem sido a meta dos bons espíritos associados aos médiuns de boa vontade. Agora é a hora e a vez de o Espiritismo se mostrar para cumprir sua vocação de consolador e esclarecedor. Para melhor consolar é preciso esclarecer e revelar as verdades que por força das circunstâncias estavam veladas, aguardando o tempo de maior amadurecimento da raça humana agraciada agora com o desenvolvimento científico necessário para o bom entendimento.

Infelizmente, uma boa parte da humanidade acha-se hipnotizada por interesses puramente materiais. Muito lentamente as revelações estão caminhando impulsionadas pela mídia escrita e televisiva, procurando maior espaço para poder influenciar o comportamento de homens e mulheres.

O caminhar das revelações será lento e gradual por alguns séculos ainda, até que se opere uma significativa mudança no perfil da população produzida pelo renascimento de espíritos vigorosos que promovam comportamentos mais conscientes e responsáveis.

As catástrofes naturais e os desencarnes coletivos contribuirão para a mudança desejável, destruindo a agressividade e o interesse material do homem terreno. Quando predominar o espírito pacífico, as mentes acolherão os sentimentos de tolerância e fraternidade pregados por Jesus. Quem não estiver preparado para dar a contribuição pessoal nesse novo mundo não terá condição de se manter no planeta evoluído e encontrará abrigo em local mais condizente com seu estado físico, mental e espiritual, dentro do projeto do Criador que preparou diferentes moradas para acolher diferentes criaturas.

Ninguém será expulso. Será feita uma adequação necessária ao progresso. As criaturas humanas continuarão sendo filhas diletas de Deus em qualquer estágio de desenvolvimento em que se encontrem. Sempre merecerão os cuidados divinos e terão mestres responsáveis que lhes ensinarão o que necessitarem para galgar novo patamar evolutivo. Tem sido assim há milhões de anos e assim continuará sendo, embora em condições e locais diferenciados.

O progresso pode ser lento e gradual, mas será cumulativo. As experiências humanas estão sendo arquivadas cumulativamente. As virtudes florescerão enquanto as imperfeições cederão espaço significativo à nova realidade social.

11

Novas Explicações

Até esta altura nossa intenção foi mostrar como vivem os espíritos de mediana evolução, que ainda não são perfeitos, mas não sentem prazer na prática do mal.

Espíritos que praticam o mal se comprazendo com o sofrimento alheio, tal como ocorre com os criminosos que infernizam o plano terreno e constituem um numeroso grupo de agressores em série, pertencem ao grupo que Kardec classificou como espíritos imperfeitos, capazes de atormentar o meio social onde vivem. Tais irmãos são espíritos enfermiços, mais necessitados de amparo fraterno do que de punição. Como Jesus veio para os doentes e estropiados, seus seguidores no Além seguem a proposta do amor fraterno e constroem verdadeiras cidades espirituais, onde são reunidos e submetidos a tratamentos rigorosos do corpo espiritual e do psiquismo. São colônias-hospitais, dirigidas por Entidades sábias que se revezam no trato com esses irmãos difíceis, reconhecidos indistintamente como "anjos decaídos", embora mantenham todas as características de espíritos humanos à espera da redenção.

Lembramos que todas as criaturas nasceram na ignorância e no desconhecimento, e ao longo da existência fizeram as suas escolhas boas ou más no exercício do livre-arbítrio. Nenhuma criatura foi criada para o mal, mas algumas se apegaram a ele quando identificaram sensações prazerosas, enquanto percorriam as portas largas a que Jesus fez referência.

Entidades assim são beneficiadas por um tratamento caridoso. Para o próprio bem e o bem-estar do meio social precisam ser isoladas em local de assistência, impedidas de utilizar a liberdade para a prática do mal.

Seria ingenuidade nossa passar a impressão de que tais criaturas estejam todas enclausuradas e sob controle. Há uma multidão solta pelo espaço recusando a ajuda superior, buscando viver por conta própria. Elas exploram os mais fracos e ingênuos que escravizam e seviciam segundo os próprios interesses.

Os líderes desses grupos são altamente inteligentes e migraram de outros orbes tendo sido acolhidos e orientados pelos mestres da humanidade. Nem todos demonstraram bom entendimento da situação e ainda hoje procuram dominar e se impor.

Nesta obra fomos recomendados a passar alegria e esperança, ingredientes que estão em falta no meio terreno. Seguindo o roteiro luminoso traçado pelo Evangelho nada precisamos temer desses irmãos ainda desavorados que um dia haverão de aceitar a bondade que lhes é oferecida.

*

Nas colônias espirituais que circundam o orbe terreno a vigilância se faz presente, visto tratar-se de povoamento com moradores imperfeitos que muitas vezes assumem comportamentos contrários à ética.

Em dimensões afastadas a situação é proporcionalmente inversa; quanto mais se distancia da crosta mais evoluídos são os moradores, formando uma sociedade isenta de crimes, dedicada às pesquisas no campo tecnológico e científico. São locais de estudos aprofundados, cujas conclusões atendem aos interesses de colônias inferiores dentre as quais identificamos a crosta terrena.

Há alguns anos juntamente com alguns companheiros estagiamos em universidade localizada em uma dessas colônias. Estávamos empenhados na aprendizagem de técnicas para aplicar na construção de colônias, economizando tempo, desgaste físico e de material.

O mundo espiritual mais elevado sabe ser solidário com os desfavorecidos de planos inferiores que, por si só, não teriam condições satisfatórias para preparar o solo, soterrar cabos, canos e fios, nem para erguer prédios, pontes e viadutos, dando o acabamento final às belas cidades que vemos e admiramos no entorno terreno.

Ao exaltar o trabalho humano não subestimamos a tarefa do Criador, responsável pelo arcabouço do Universo. Somos cocriadores e fazemos a nossa parte sobre o território que Deus destinou para abrigo dos filhos, enquanto estiverem no percurso evolutivo.

Pessoas dotadas de percepções extrassensoriais descrevem visitas durante o sono a regiões feias e sem desenvolvimento que as fazem acreditar na existência de regiões purgatoriais e infernais criadas por Deus para punir os filhos pecadores. Assim veiculou-se a lenda do inferno e do Diabo, de que as religiões tiraram proveito para intimidar os maus e coibir os rompantes agressivos das criaturas. O mal não foi radicalmente exterminado porque os espíritos precisam ser educados para mudar de rumo e modificar as atitudes. Concordamos com o apóstolo Paulo quando nos estimulou a extinguir as características do homem velho preso aos instintos e certa dose de irracionalidade, para fazer brotar as qualidades do homem renovado interiormente segundo o modelo de Jesus Cristo.

Com o advento do Espiritismo é possível entender que as emanações de mentes em desalinho podem atuar sobre a estrutura física modificando-a para pior, da mesma forma que mentes equilibradas podem promover benefícios cumulando-a de beleza natural: a cristalinidade das águas, a pureza da atmosfera enriquecida por gases puros e respiráveis, assim como uma vegetação luxuriante característica de solos férteis enriquecidos com bons elementos.

Deus, sendo perfeição em todos os sentidos, só pode dar forma à beleza que existe ao derredor. Tudo o que enfeia e desvirtua a obra divina é participação cocriadora do homem e da mulher portadores de mentes imperfeitas que projetam e plasmam, quando estão aglutinados, as regiões sombrias e cavernosas conhecidas como umbral, que no rigor do termo representa a porta de entrada do mundo espiritual.

Crentes dos mais diferentes credos ainda têm medo do inferno. Notamos, no meio espírita, irmãos que perdem o sono com receio de desencarnar e estacionar no umbral. Percebo que o umbral tem sido uma nova versão do inferno criado pela teologia.

Os irmãos espíritas necessitam de maior aprofundamento nos postulados da Doutrina, para que não sofram por antecipação e se preparem adequadamente para terem uma boa desencarnação, com esperança e otimismo.

*

Em obra anterior (*Novas Colônias Espirituais*) referimo-nos a um grupo de espíritos ilustres empenhados na divulgação da realidade que aguarda a humanidade terrena após o óbito. Quando desencarna de forma lúcida e razoavelmente tranquila, encontra por domicílio cidades rigorosamente organizadas, regidas por código disciplinar rígido que coloca cada indivíduo na posição que conquistou ao longo do percurso evolutivo.

Há muitas moradas na casa do Pai – explicou Jesus quando esteve entre nós. Não poderia ser diferente, pois o número de espíritos fora da carne extrapola a população terrena. É preciso abrir espaços organizados e confortáveis onde possam trabalhar, estudar, pesquisar e compartilhar conhecimentos. Não se evolui de um salto, não se pode mais admitir, num pensamento simplista, que basta uma encarnação para se fazer jus a um encontro com Deus, face a face.

O conceito da reencarnação é conhecido e aceito pela metade da população terrena, principalmente entre os povos orientais. A região ocidental do planeta é mais resistente, fruto dos ensinamentos conflitantes do Cristianismo quando se afastou da proposta de Jesus.

No Evangelho de João, capítulo três, versículo cinco, Jesus respondeu a Nicodemos que é necessário renascer da água e do Espírito para que o homem possa adentrar o reino do céu. Numa interpretação menos literal entendemos que a água se refere ao corpo que deve unir-se ao espírito no ato da encarnação, para evoluir e atingir a perfeição requerida.

Os espíritos chegam ao plano espiritual portando as ideias que esposaram na Terra. Muitos carecem das explicações que o Espiritismo somente a partir do século XIX está oferecendo com a edição das obras de Kardec. Os espíritas, no mundo espiritual, são em número pequeno diante da maioria dos crentes de outras religiões, o que tem exigido um grande esforço missionário de nossa parte.

A adesão do líder católico João Paulo às novas propostas facilitou em muito o trabalho junto aos numerosos irmãos. Com a credibilidade que o antigo papa granjeou pela conduta irrepreensível, em suas preleções ocorre uma multidão sedenta de esclarecimentos e novas luzes.

Por diversas vezes ouvimos perguntas interessantes que transcrevemos para nossos leitores, também ávidos de esclarecimentos.

– Papa, por que o senhor não falou com tanta clareza quando estava encarnado?

– Posso citar pelo menos dois motivos, meu filho, sendo o primeiro muito óbvio: eu também, embora fosse chefe de uma igreja, não dispunha de todas as informações que só recordei aqui no plano espiritual. Apenas pude repassar o que era voz corrente entre nós, não dispondo de autoridade formal para alterar a doutrina da Igreja em matéria de fé. O papa não tem poder absoluto e segue rígidas normas de conduta. Como segundo motivo eu me pergunto se teria sido benéfico ao trabalho apostólico fazer revelações estrepitosas, sem antes ter preparado o terreno para lançar a preciosa semente.

Demonstrando entender o pensamento de João Paulo o interlocutor prosseguiu:

– Penso que os católicos praticantes não entenderiam o teor das revelações e, instigados pelo clero, haveriam de declarar guerra às novas ideias.

– De tal sorte que elas não lograriam se impor, meu filho, nem ao menos brotar...

– Possivelmente haveria um cisma no seio da Igreja. Considero que o senhor tenha sido bem orientado espiritualmente para agir com tanta correção.

– Lembre-se, meu filho, todas as pessoas que recebem do Alto a missão de orientar os irmãos podem contar com a inspiração de Deus. Até há pouco dizíamos que éramos inspirados pelo Espírito Santo. Hoje, mais esclarecido, direi que somos assistidos pela união dos Espíritos do Senhor, prepostos de Jesus Cristo que com Ele somam esforços para a regeneração do planeta. Isso acontece com todos, independentemente de serem católicos, espíritas, evangélicos ou muçulmanos. Deus é o pai universal, não privilegia alguns filhos em detrimento de outros; inspira a todos o melhor caminho para chegar ao aperfeiçoamento dos talentos adquiridos.

– Não se fala mais, santidade, sobre a vocação da Igreja como sendo a única verdadeira?

– Não, filho, a única verdade que devemos considerar é a da paternidade divina que Jesus veio revelar. Deus é pai de todos, de bons e maus a quem fornece o sol e chuva sem questionar. Ideias diferentes vieram por acréscimo em momentos difíceis da história terrena.

– Agradeço a bondade da explicação, santidade. Serviu-me como estímulo para continuar no exercício do sacerdócio agora com a visão mais dilatada.

– Seja bem-vindo ao grupo de missionários do bem, Padre Jovino. Junte-se a nós na divulgação dos postulados espíritas, pois este é o momento que Jesus escolheu para se fazer presente no cenário terreno e adjacências. Não mais com um corpo perecível, mas revelando a perenidade do seu pensamento.

– A expansão da mediunidade deve ser bem aceita entre nós, santidade? – interpelou o jovem sacerdote interessado no diálogo com João Paulo.

– É um excelente recurso para doutrinação e evangelização, desde que os médiuns tenham cuidado em fazer sintonia com espíritos do bem.

– Existe o risco de infiltração "alienígena" na mente do médium? Nesse caso a consequência seria danosa para a Igreja?

– Uma mediunidade mal conduzida pode ser danosa para o próprio médium e para o grupo que ele frequenta, seja católico ou espírita. Padre Jovino, é do nosso conhecimento que espíritos que menosprezam Jesus e seus ensinamentos procuram se imiscuir nos recados do Além, contaminando-os com inverdades e falsas premissas que por vezes logram induzir as mentes simplórias por caminhos duvidosos. Essa foi a metodologia utilizada pelos inimigos da Igreja desde os primórdios do Cristianismo, causando um desvirtuamento doutrinário que até hoje alimenta polêmicas no seio da Igreja.

– O senhor pediu desculpas pelos erros cometidos pela Igreja em outros tempos?!

– Era o que restava fazer.

*

Não tem sido fácil para João Paulo apresentar-se no meio católico do mundo espiritual como divulgador do Cristianismo à luz da Doutrina Espírita. Há conflito de interesses quando o clero se sente despojado do prestígio milenar. Em tal circunstância muitos clérigos católicos procuram contradizer e ridicularizar o que consideram uma nova doutrina, enquanto outra parcela menos ortodoxa sente-se estimulada a estudá-la e culminam pela aceitação e bom entendimento.

A vida religiosa no mundo espiritual é bem parecida com a terrena no que se refere às divisões e preconceitos. Não é porque se livraram do corpo físico que as pessoas desencarnam de suas preferências em matéria de fé. Os que foram apenas simpatizantes desse ou daquele credo estão mais propensos às mudanças. Aqueles que se julgam ateus abrem-se mais facilmente para uma doutrina racional e não criam maiores problemas. Na pior das hipóteses seguem a vida sem tecer considerações metafísicas.

Os espíritas, em número relativamente inferior, procuram se reunir semanalmente como fazem nas células espíritas terrenas. As obras de Kardec são relidas e comentadas sob novas luzes, visto que ao desencarnar se lhes abriu o entendimento. As obras sociais permanecem na ordem do dia fundamentadas no conceito da caridade fraterna.

As tribunas são ocupadas criteriosamente por expositores fiéis ao Evangelho e ao Pentateuco kardequiano. Representantes de várias igrejas e estudiosos da ciência apresentam-se frequentemente em ambientes especiais que convivem com o raciocínio lógico e racional proposto pelo Espiritismo.

Não há imposição de fé ou prática religiosa por parte dos governantes; a prática do bem é estimulada em programas especiais na mídia e nas escolas que fornecem educação integral que forma o caráter do bom cidadão.

Temos leis nas colônias. O cumprimento delas é obrigatório, sujeitando os cidadãos ao fiel cumprimento das obrigações civis e políticas. Existe um sistema prisional que prioriza a reeducação do infrator. Não existe pena de morte, mas há casos em que a prisão se prolonga por tempo de longa duração, até que o infrator considerado doente se restabeleça e possa voltar ao convívio social ali mesmo na colônia, ou seja conduzido a reencarnação compulsória.

Existem colônias-prisão para criminosos que revelem alto nível de periculosidade e não podem comunicar-se com o lugar de origem onde poderiam influenciar pessoas que possuam magnetismo compatível. É o caso de criminosos famosos do plano terreno, que promoveram guerras fratricidas e eventos destruidores em massa. Eles estão sob a supervisão direta dos Instrutores da humanidade terrena que obedecem à orientação de Espíritos nobres vinculados ao Cristo.

Esses prisioneiros são avaliados com frequência. Figura como objetivo da avaliação a percepção de melhora no campo mental, visto que o comportamento inadequado da criatura tem sua gênese na inadequação do pensamento que adoeceu por diversos fatores e necessita de redirecionamento e cura. Até que isso ocorra os enfermos são mantidos segregados, para que não possam expandir os efeitos maléficos do ódio e da irracionalidade através das ondas mentais.

A generosidade divina se expressa nesse tratamento profundo de criaturas que se perderam no exercício leviano do livre-arbítrio. Conhecedor da natureza humana o Criador providenciou o retorno à sanidade, considerando que um pai não abandona a prole à própria sorte. Deus colocou na criatura a possibilidade da cura, e os irmãos superiores sabem como agir para ajudar os que estão em queda e proteger os mais fracos da sanha destruidora dos fortes.

Não há tormentos infernais eternos. O tempo passa célere no mundo espiritual também, consertando o que estiver quebrado dentro das mentes doentias, possibilitando o retorno à saúde mental mesmo que leve alguns séculos ou milhares de anos.

*

Há vários anos, juntamente com companheiros e comandados pela experiência de sábios mentores, visitamos uma fortaleza onde estavam encarcerados alguns irmãos que em vida haviam sido um flagelo da humanidade terrena. Não estavam em calabouços e eram tratados com dignidade e respeito que merecem todo ser humano. A proposta é de recuperação para mudança de atitudes.

Os responsáveis pelos prisioneiros citaram alguns nomes dos desditosos irmãos, todos responsáveis por grandes e conhecidas tragédias ocorridas no decorrer do século XX. Não repetiremos os nomes para não vincular a mente dos leitores aos feitos desastrosos desses irmãos que se encontram em tratamento e permanecerão no estado de alienação até que tenham expurgado de si o veneno do ódio e do preconceito que contaminam o ambiente ao derredor.

Orações são feitas pelos médicos e atendentes em diversas horas do dia. Nos momentos de vibrações são recolhidos fluidos salutares que atuam como banhos higienizadores para essas almas em conflito.

Ensina a Doutrina Espírita que não há tormentos eternos, que embora leve tempo bastante longo esses irmãos vão recobrar a lucidez e efetuar o doloroso caminho da recuperação da razão, mesmo que para tanto tenham que utilizar outro domicílio planetário.

Em tempos idos que não podemos precisar uma leva de espíritos recalcitrantes no mal teve que emigrar de seu mundo, porque o comportamento avesso ao bem e à responsabilidade impedia o próprio adiantamento e também o progresso da população geral.

Esses espíritos foram acolhidos pela generosidade da falange crística e aceitos como moradores do mundo terreno que, àquela época, contava com pequena população de criaturas que iniciavam a trajetória espiritual.

O instrutor espiritual Emmanuel, no livro *A Caminho da Luz,* pela psicografia irrepreensível de Francisco Cândido Xavier narra com detalhes o périplo dos irmãos que aportaram em nosso planeta, dando origem às diferentes raças e culturas.

Usando com rigor o nosso pensamento chegaremos à conclusão que o plano terreno é também uma colônia espiritual, onde residem espíritos com o envoltório denso da carne, submetidos às leis orgânicas e espirituais. Assim como nas cidades espirituais, o homem terreno trabalha pela própria evolução no intuito de fazer brilhar a túnica espiritual a que Jesus se referiu quando de sua passagem entre nós. Fazer brilhar a própria luz e resplandecer a túnica que reveste o espírito é a meta de toda a criatura racional onde quer que se encontre. Temos dado ênfase à semelhança de condições entre as várias moradas da casa do Pai, criadas para abrigar as criaturas em qualquer estágio evolutivo em que se encontrem.

Consultando o Evangelho, encontramos a parábola que Jesus relatou sobre um senhor que reuniu convidados para o casamento do filho único e chamou a todos, indistintamente. Somente quando se deparou com alguém vestido inapropriadamente, sem portar uma veste nupcial adequada para a situação Ele pediu ao conviva que se retirasse.

Aplicando ao nosso tema a parábola evangélica entendemos que é necessária a real purificação da alma para que a criatura possa adentrar os reinos mais luminosos, e essa purificação pode acontecer em qualquer parte do Universo, nas múltiplas moradas preparadas para os filhos de Deus.

Acompanhando esse raciocínio pressupomos com acerto que as colônias não sejam todas iguais, existindo uma diferenciação necessária para atender aos méritos e deméritos da população.

Há séculos as igrejas cristãs construíram a ideia de um local de purificação espiritual – o purgatório – onde as almas recém-libertas da carne compareceriam e ali permaneceriam por tempo indeterminado até se purificarem. O pensamento espírita diverge no que nos parece uma descrição mecanicista. A purificação do perispírito que chamamos de veste nupcial é um trabalho consciente e constante, dispensando locais predeterminados e prazos preestabelecidos.

Em qualquer região em que se estabeleça, a criatura pode iluminar-se até o ponto ideal que identificamos por reforma interior ou reforma íntima, tornando-se capaz de migrar para regiões de mais intensa luz, numa ascensão feliz.

As colônias não podem ser entendidas como residências definitivas porque abrigam criaturas em fase de transição. As que ficam mais próximas do domicílio terreno são mais parecidas com as condições do planeta, ao ponto de alguns recém-desencarnados ficarem confusos e perguntarem perplexos: será que morri?

Nem todos os habitantes das cidades espirituais são imigrantes da crosta terrena, pois existem aqueles que encarnaram no próprio meio espiritual. A vida transcorre com naturalidade, trabalho e esforço pessoal para o aprimoramento dos talentos criadores com que Deus dotou as criaturas racionais, capazes de promover o progresso social fazendo descobertas científicas e aprimorando tecnologias.

12

Aprofundando o Raciocínio

Alberto e Teresa formam um casal harmonizado habitando uma cidade espiritual ao lado de milhares de moradores. Eles criam duas crianças saudáveis de 7 e 9 anos que frequentam o educandário local.

Os filhos do casal, Mariana e Zé Carlos estão em fase de alfabetização e se destacam pela inteligência aguçada e o interesse pelas artes em geral.

Aos domingos, a família reunida dirige-se para a igreja local onde participam da missa dominical. Na volta as crianças se reúnem a outros amiguinhos para a diversão predileta: a prática de esportes, enquanto os pais recebem visitantes para o almoço.

No período da tarde, após rápido descanso, todos se reúnem para um lanche e sempre surge uma conversa animada.

– Então, Alberto, as coisas estão tranquilas na fábrica? – pergunta André, interessado em saber sobre a ameaça de greve que estavam fazendo os funcionários do irmão.

– Consegui acalmá-los com a oferta de maior participação nos lucros. Daqui em diante vou ficar atento com a remuneração dessa turma. Eles estão mais conscientes de seus direitos e, além disso, têm um líder experiente, chegado "não sei de onde" que lhes insufla pensamentos de justiça social...

– Ah, o Juvenal! Fiquei sabendo que é parente de uma família conhecida, recém-chegada de outra colônia. Ele traz ideias radicais sobre direito a justos salários, conhecimentos adquiridos anteriormente. Você vai mantê-lo na fábrica, Alberto?

– Com certeza, André, não vou perder o excelente colaborador. Ele é meu gerente, encarregado da produção e administração.

*

Antes de aprofundar o assunto vamos tecer algumas explicações. O trabalho é assalariado, melhor forma de garantir o sustento da população e promover o progresso social.

Em *Nosso Lar,* obra do autor espiritual André Luiz, utilizando a psicografia irrepreensível de Francisco Cândido Xavier, encontra-se o esboço de uma organização social no Além, escrita nos meados do século XX quando era quase total a ignorância sobre a vida dos irmãos desenfaixados da carne.

A sabedoria dos mentores associou-se ao bom senso do médium para que as revelações chegassem devagar, com cuidado para não chocar os neófitos da doutrina, tão despreparados para as novidades quanto os praticantes de outros credos.

Aos poucos, os espíritas e simpatizantes vêm fazendo uma boa releitura da obra em questão e estão entendendo que a vida no mundo espiritual não poderia ser essencialmente diferente daquela que se conhece no plano terreno. Os moradores do mundo espiritual são pessoas fora do corpo de carne, mas continuam envolvidos por outro corpo com características especiais que lhes possibilitam viver, amar, crescer e evoluir.

Concordamos que não estamos fazendo revelações inéditas em nossos livros atuais porque este não é nosso objetivo. Queremos reforçar e ampliar o que nosso maior guia – Chico Xavier – captou e expôs sobre o mundo dos espíritos, sendo que esta tarefa nos honra pela oportunidade de elucidar os leitores que nos dedicarem sua atenção.

Entendemos que possa haver dificuldade para um grupo de pessoas ligadas aos conceitos de líderes religiosos que possuem precários conhecimentos sobre o assunto. Cabe ao Espiritismo ser o vanguardeiro nesse sentido: desvendar o mundo dos espíritos e mostrá-lo tal como é aos futuros moradores. Nem todos lerão nossos livros nem terão acesso à rica literatura espírita, mas o passo está dado nesse sentido e sabemos que muitos nos acompanharão no raciocínio.

O conhecimento interessa a todos – encarnados e desencarnados –, razão por que muitos livros são editados nas várias colônias, entre as quais identificamos a Terra com sendo uma delas. O esforço é grande e conjunto. O objetivo é universalizar os conhecimentos.

Sobre Juvenal sabemos que regressou recentemente de uma encarnação em cidade próspera onde adquiriu experiência como líder sindical. Alberto referiu-se a ele como uma pessoa que chegou "não se sabe de onde". Essa fala evidencia que Juvenal não nasceu na colônia e vinha de outra parte. Sabemos que ele passou a última encarnação em cidade da crosta terrena, trabalhando com afinco para melhorar a condição de vida da população carente. Levou para o mundo dos espíritos critérios e valores próprios.

Juvenal foi acolhido na nova moradia por familiares que o introduziram no mercado de trabalho. Trazendo dentro de si os valores cultivados, ele demonstra que a vida continua do ponto em que parou. Pela lógica ele precisou de anos de preparo e adaptação, o que não foi difícil de acontecer considerando-se os recursos pedagógicos de que dispõe o mundo espiritual.

*

A conversa entre Alberto e André aconteceu com calma e alegria, como deve ser entre dois irmãos. Geralmente eles se encontram aos domingos, quando almoçam juntos e colocam os assuntos em dia.

Quase sempre a conversação se conduz para a pequena fábrica que Alberto montou tão logo atingiu a maioridade. Teresa sempre esteve ao seu lado como um braço direito. Enquanto a mãe trabalhava, Mariana e Zé Carlos ficavam sob os cuidados de uma babá, situação usual na cidade. A escola, com conteúdos primários funciona em período integral, facilitando a tranquilidade dos pais quanto à segurança dos filhos.

À medida que o tempo passava e Juvenal mergulhava a atenção nos problemas do cotidiano, ele se distanciava das reminiscências vividas em outra existência. É próprio de o cérebro humano descartar o excesso de informação armazenada, transferindo-a para o subconsciente e inconsciente profundo. Com o passar dos anos o conteúdo do arquivo mental fica amortecido como se fosse intuição adormecida que aflora quando é estimulada.

Pode-se entender que a população das colônias é bastante heterogênea, para compor uma sociedade plural onde cada segmento se especializa de acordo com interesses e aptidões. Cada colônia registra em si as características básicas dos moradores e a história de vida passada em outras regiões do planeta, fato que promove o desenvolvimento.

O estudo da Doutrina Espírita facilita o entendimento, mas reconhecemos que a pura teoria deixa a desejar em matéria de requisitos. É com o desenvolvimento espiritual que a criatura adquire as asas necessárias para receber instruções práticas dos mentores durante o sono, quando o espírito se liberta um pouco dos grilhões da matéria.

Essa metodologia é aplicada por mim e pelos espíritos que se dedicam à literatura instrutiva, para que os médiuns se apropriem das informações antes do ato mediúnico, facilitando a compreensão do texto e a expressão fiel do que o autor propõe.

Quando comparecemos para a escrita fica fácil abordar o mecanismo mental do médium e manipular as lembranças para trazê-las à tona. Uma psicografia realizada desse modo não é totalmente consciente; fundamenta-se na realidade que emerge de rincão profundo da mente e ganha significado quando o medianeiro a reveste com linguagem própria e usual.

Agimos assim sempre que proferimos os nomes de Deus, de Jesus e quando abordamos tópicos da Doutrina à luz do Espiritismo, para que não lhe sejam adicionados ou subtraídos nenhuma letra e nenhum acento, como recomendou Jesus em relação ao Evangelho. Esta é uma explicação que quero fazer a familiares e amigos que me viram adolescente e de vez em quando perguntam, mentalmente, como nosso instrumento mediúnico pode transmitir com tanta clareza assuntos que não estão à disposição da maioria.

Preparado e até melhorado o arquivo mental do médium fazêmo-lo passar por uma espécie de transfiguração, situação em que ele se deixa conduzir por um "alter ego" e encontra dentro de si os recursos de que necessita. No mundo espiritual esse processo é utilizado quando precisamos receber orientações de planos mais altos. Os irmãos utilizados nesse contato trazem em si vivências mais enriquecidas que, quando ativadas, facilitam o intercâmbio.

Não há diferenças fundamentais nos métodos mediúnicos em si; a diversidade fica por conta dos recursos espirituais de cada medianeiro. Lembramos que recursos espirituais não podem ser plagiados; cada ser oferece o que possui. Assim salvaguardamos a pureza das informações, dada a sua importância para um grupo restrito ou para um contingente maior de interessados.

O melhor exemplo que podemos oferecer no momento ocorre com as orientações do projeto *A Paternidade Divina*. Sua importância é relevante; os Espíritos falam em nome de Jesus, o mentor do planeta Terra. As orientações nos chegam via mediunidade sublimada. Nunca recebemos a visita de Jesus, mas temos confiança nos recados que nos chegam e na força que nos envolve quando estamos com a energia debilitada. Participamos de reuniões importantes em que são analisados os grandes problemas do planeta ao lado de possíveis soluções. Alguns irmãos encarnados se fazem presentes em espírito, pois a tarefa grandiosa precisa construir alicerces no solo terreno, expandindo raios de ação pelos diferentes continentes, tão diversos entre si na economia e nos valores morais.

Fala-se com ênfase na fase de regeneração, mas alertamos que ela não se imporá sem cobrar reajustes importantes. São muitos séculos para serem passados a limpo, faltam faxina nos costumes e reconstrução de ordem social condizente com o novo *status*.

Todo esse processo está sendo conduzido pela sabedoria dos espíritos crísticos, dos quais Jesus é o porta-voz credenciado para estabelecer as principais medidas dentro dos parâmetros mais precisos e condizentes com a Nova Era.

O planeta sobreviverá geologicamente por bilhões de anos. O Criador não precisa fazer uma demolição total para em seguida erguer um novo patrimônio. Pequenos retoques aqui e ali com a introdução de criaturas humanas mais bem preparadas para conduzir povos e nações acontecerão ao longo do tempo. Um enxerto saudável será acrescido à raça humana preparando os corpos físicos para receberem espíritos mais evoluídos e predispostos a evoluir.

Segundo explicação contida em *O Livro dos Espíritos,* questão 93, a essência espiritual estará sempre revestida pelo perispírito que se sutiliza à medida que se desmaterializa e evolui, até o ponto de não mais ser percebido por olhos comuns. Ele é como uma manta que reveste o Espírito e serve de laço intermediário com a matéria. Em princípio é grosseiro, mas pelo constante atrito com a matéria vai eliminando impurezas ao mesmo tempo em que adquire qualidades delicadas e luminosas. Nos espíritos superiores o perispírito torna-se imperceptível tamanha a sua luminescência.

Em poucas linhas traçamos o percurso da evolução espiritual que ocorre de forma semelhante na Terra e nos mundos espirituais. Enfatizamos que não pode haver ruptura brusca entre a vida que se tem em determinada esfera e a que se passa a viver em outra dimensão espiritual, para não desorganizar o raciocínio da criatura pela ofensa às suas estruturas mentais. É importante que a evolução seja gradual, de forma que a criatura preserve a individualidade e organize o raciocínio a fim de poder projetar o futuro.

Tenho conversado com Entidades sofredoras que passam por orientação em casas espíritas. Por intermédio de um medianeiro procuramos resgatar suas memórias concluindo: "vamos fazer um novo projeto de vida, buscar novo objetivo". É o momento da ajuda fraterna, quando nos colocamos ao lado do irmão que sofre e procuramos desvendar-lhe um novo rumo, mostrando que o novo mundo é continuação do mundo terreno e que terá oportunidade de trabalhar de acordo com suas tendências. Poderá estudar e adquirir novos conhecimentos especializando-se em uma profissão. Poderá amar e constituir uma família.

O ser, até o momento inseguro e relutante, sorri de satisfação e demonstra vivo interesse pela conversa. Assim atuam os doutrinadores nas salas mediúnicas irradiando palavras de conforto, de verdade e esperança.

Estão enganados os religiosos que lançam suspeita sobre o Espiritismo, afirmando que os espíritas lidam com demônios. Real engano. Lidamos com espíritos de homens e mulheres separados da matéria corpórea que podem estar felizes ou infelizes, que podem ser bons ou maus conforme a índole manifestada na vida terrena.

Quem desencarnou ("morreu") no bem, assistido por bons espíritos, prosseguirá o caminho no plano espiritual e pode se tornar pessoa melhor. Quem praticou o mal e deixou este mundo de forma desastrosa chegará ao plano espiritual com a alma em frangalhos, carente de orientação e aprendizado, mas continuará sendo um espírito humano, jamais se transformará no mitológico Diabo.

O Diabo é um mito antigo, milenar, incorporado às diversas religiões para simbolizar o mal. Não tem existência real. Não é criação de Deus. O ser humano precisa adiantar-se em maturidade para repudiar certos mitos que apenas aterrorizavam crianças, como demônios e assombrações.

Só existe um Deus que é o criador do Universo. Somos criaturas feitas por Ele, num processo evolutivo lento e seguro. O Universo foi criado sob rígidas leis naturais. Tudo é natural ao nosso redor, quer estejamos no mundo material ou no espiritual. A Ciência não aceita o sobrenatural, e o Espiritismo é solidário com a Ciência. Kardec recomendou que não fossem rejeitadas as conclusões da Ciência quando fundamentadas em metodologia séria e criteriosa.

*

O progresso terreno, para ser real e verdadeiro, deve fundamentar-se no avanço científico que erradica enfermidades e promove o bem-estar da sociedade, provendo-a com medicamentos e tecnologias renovadas adequadas às novas condições de vida.

Crescer e evoluir são metas que o Espiritismo sugere para homens e mulheres habitantes do plano terreno e das redondezas espirituais. Nossas colônias também passam por aprimoramentos. Pequenos vilarejos são remodelados para se transformar em cidades confortáveis e prósperas, onde os moradores vivem, trabalham, fazem pesquisas e melhoram de vida, construindo habitações mais amplas e por vezes luxuosas. O mercado de trabalho se amplia, as fontes de renda se diversificam em correspondência ao grau de conhecimento individual. Existe sistema monetário e bancário que lembra o que já se conhece no plano terreno.

É do desígnio do Criador o progresso dos homens, que infelizmente têm se limitado ao material simplesmente. As religiões voltadas apenas para o lado espiritual dos homens facilitaram a dicotomia entre Ciência e Religião. É preciso que se faça a unificação, que líderes religiosos e cientistas "abram" a cabeça para admitir novas forças atuantes na humanidade, todas elas sob o comando do Deus único, criador de todas as coisas.

Não vemos razão para que religiões espiritualistas não entendam a vida nas colônias tal como se apresenta, com aparência bem próxima da vida que se conhece, com singularidades fenomenais que fazem alguns recém-desencarnados exclamar pasmos de emoção: "estamos no paraíso"?

Não, o paraíso não está ao alcance da maioria, por enquanto. Região paradisíaca sutil somente para corpos espirituais delicados, quase desmaterializados, como explicamos. Reiteramos explicação de que a túnica que reveste o Espírito é matéria em estágio intermediário entre corpo e espírito. Ainda é matéria com peso específico, condição que nos impede de ascender e habitar regiões extremamente etéreas que constituem moradias de Espíritos já purificados.

*

O maior médium conhecido, Chico Xavier, é um dos mentores dinâmicos que conduzem o esforço de acomodar os filhos de Deus ao redor de um só pastor. Para ele, como para todos, o bem maior da humanidade consiste no fato de sermos criaturas de Deus criadas com a destinação sublime de ascender aos páramos celestes quando estivermos prontos, isto é, revestidos da graça santificante de Deus. Enquanto os irracionais evoluem rumo à racionalidade, nós, seres racionais, evoluímos rumo à angelitude.

Sempre que dispõe de tempo esse grandioso Espírito se mistura aos trabalhadores do Cristo oferecendo experiência, conhecimento e mediunidade. Outros companheiros que identificamos em nosso meio são conhecidos do movimento espírita-cristão: Bezerra de Menezes, Irmão José e, mais recentemente, João Paulo.

Considere o leitor a força magnética emanada por essas almas dedicadas ao movimento de renovação planetária. Ao seu lado, secundando esforços estão milhares de almas escolhidas, qual exército organizado e disciplinado que soma inteligência, experiência e muito amor ao Cristo, permanentemente reverenciado como representante do Pai entre nós.

Em sua última passagem pelo plano terreno animando o corpo de Francisco Cândido Xavier esteve um espírito missionário de grande luz cumprindo missão recebida do Alto, qual seja a de intermediar a luz divina entre os homens empobrecidos da Terra. Ele veio como médium para intermediar as mensagens do Além que chegariam das altas esferas iluminativas para preparar o advento de novos tempos. Juntamente com ele, almas compromissadas com o advento do Consolador deram sequência ao movimento renovador inaugurado por Kardec.

Atuando há séculos como mediador da luz, Chico tornou-se ele próprio um farol luminoso que deu sequência à proposta da primeira hora. Ainda é um trabalhador ativo, convocando reuniões e coordenando ações apostólicas, colocando em ação seus múltiplos talentos.

Em nosso meio sua mediunidade bem treinada é colocada em atividade quando se trata de intermediar recados e orientações do Alto.

Quando mantemos contato mais dilatado ele aproveita o tempo para nos dar lições de sabedoria evangélica. Com ele, reforçamos nossos conhecimentos e fortalecemos o caráter no sentido de aprimorar potencialidades. Chico estimula sem tecer críticas, orienta dando ênfase aos acertos como um grande pedagogo e encaminha os raciocínios em direção aos novos conceitos da ciência, como se fosse um profeta dos tempos futuros, e talvez o seja!

Ele permanece ativo no meio espiritual elevado sem esquecer os irmãos da retaguarda mais atrasados no percurso evolutivo, seguindo o exemplo de Jesus que encarnou entre nós, seres pequenos e desprovidos de luz. Com a humildade característica ele ainda se considera um cisco diante da grandeza da tarefa assumida. Sem perder tempo com conversações dispensáveis está sempre com as mãos na charrua sem olhar para trás.

*

João Paulo é outro grande apóstolo dos tempos modernos que carrega uma bagagem milenar para adicionar à nossa pequena contribuição em prol da causa cristã. Ao lado desses Espíritos muito temos a aprender. Eles são solícitos e não negam informações que possam acrescentar aos nossos conhecimentos e experiência.

João Paulo, ao chegar ao mundo espiritual, provocou uma comoção geral no meio católico e muita curiosidade em todos. Sua simpatia cativante criava uma aura de interesse ao redor de sua pessoa. Ele era um papa popular que todos queriam ver, ouvir e, se possível, até tocar suas vestes sacerdotais.

Não se escandalizem os leitores que ainda julgam o mundo espiritual habitado por pessoas que se desvencilharam por completo dos costumes terrenos. A "tietagem" existe por aqui até em relação a pastores e médiuns de prestígio. O que dizer de um papa que se fez notável pela personalidade, por viagens e intervenções adequadas no cenário político mundial?

Nosso amigo é visto sob ângulos diferentes pela massa popular que o recebe como santo e pelos moradores eruditos que veem nele o estadista, o escritor e orador com excelentes recursos, com voz suave às vezes, com voz firme e austera quando se faz necessário.

Considero difícil para pessoas excepcionais como João Paulo enfrentar a expectativa que fazem a seu respeito, sem lhe dar direito ao descanso, ao relaxamento e possível entretenimento. Ele foi um trabalhador incansável dentro da ótica católica, mas não deixou de ser um homem que amava o esporte e o praticava até mesmo quando habitou o Vaticano, de forma discreta e silenciosa.

As atividades espirituais não impedem o homem de exercer atividades físicas com cuidado e moderação, para lhe garantir saúde e bem-estar. Temos excelentes campos de golfe e não raras vezes marcamos encontro com esses notáveis irmãos para conversar entre uma partida e outra.

A população masculina da colônia, de forma geral, é apaixonada pelo futebol à moda brasileira, organizando campeonatos à semelhança do que ocorre no plano físico. As mulheres já estão se envolvendo com essa modalidade esportiva, principalmente as jovens estudantes universitárias.

Nessa altura da narração fico atento à recomendação dos mentores para que não materialize em demasia o mundo "espiritual", de forma que os irmãos na carne em vez de receber esclarecimentos se sintam mais confusos. Antecipando o pensamento de alguns lanço a pergunta: de que vale a morte se continuamos em pé de igualdade com os homens na Terra?

Com cautela exponho meu raciocínio: o espírito humano enfrenta uma longa caminhada até que se espiritualize por inteiro e se torne perfeito. No período da caminhada ele passa por diferentes estágios de desenvolvimento e manifesta múltiplos interesses e possibilidades, o que nos autoriza a afirmar que não é viável uma mudança radical quando desencarna.

A morte, na concepção espírita, abre uma porta maravilhosa para novas experiências quando o desencarnante adquiriu informações básicas. Para os que se adiantaram um pouco mais, a oferta de experiências é realmente notável, possibilitando que continuem a crescer e evoluir. Os espíritos mais desprovidos de evolução recebem o necessário para que se lhes abra os olhos do entendimento; nesse contexto exigem dos dirigentes dos núcleos espirituais uma dose maior de esclarecimento, seguido às vezes de atitudes cerceadoras dos maus costumes incorporados no plano terreno.

A vida tem continuidade sempre. Não seria saudável para a mente humana uma ruptura gritante da realidade com a qual se acostumou. Por entender assim, a Espiritualidade Superior autorizou a ampliação das comunicações para que os irmãos não desencarnem na ignorância total do que virá a seguir. Todo trabalho de conscientização realizado na Terra poupará esforços aos tarefeiros espirituais que se habilitarão a conscientizar os moradores de lá para que reencarnem em melhores condições no plano físico, estabelecendo um círculo virtuoso que promove o progresso espiritual.

*

João Paulo é no momento um esteio vigoroso que ajuda a sustentar a ação evangelizadora no entorno terreno. Por sentir um apelo forte para as viagens, à semelhança do que fez outrora ele se movimenta entre as colônias com entusiasmo, consciente de estar levando a mensagem evangélica a todas as criaturas no cumprimento da vontade de Jesus: "ide e pregai o Evangelho". É um esforço concentrado para envolver respeitosamente os seguidores de Moisés, de Maomé e de outras crenças alheias ao Cristianismo.

– Não buscamos a conversão das pessoas ao nosso modo de crer – explica ele. – Queremos convertê-los ao Bem, ao amor generoso que perdoa sempre, até setenta vezes sete.

Esse é o foco central do projeto *A Paternidade Divina* que lembra aos povos que Deus é um só e deseja acolher os filhos ao redor de si com amor paternal. Após a desencarnação João Paulo teve novo entendimento, razão por que esqueceu o lema que a Igreja consagrou por vários séculos, lema que atribuía a salvação somente àqueles que se mantivessem fiéis à tutela eclesiástica.

O lema agora é aquele que está implícito em *O Evangelho Segundo o Espiritismo:* "fora da caridade não há salvação". Continuamos, sim, a evangelizar, mas não pretendemos congregar as pessoas ao redor de um pastor terreno, seja ele sacerdote, médium, rabino ou xeque muçulmano. Buscamos a conversão das almas para Deus, que tem um projeto para cada um dos filhos.

*

A mudança de postura de João Paulo granjeou-lhe uma onda grande de simpatia entre as pessoas que antes foram indiferentes à religião. Aquelas que ainda se prendem ao dogmatismo desconsideram as palavras do líder carismático, do político experiente e do papa viajante. Essas pessoas não estão preparadas para efetuar mudanças internas; estão presas a regras e convenções que lhes prometem a salvação eterna. Presas à fé cega não se ocupam das promessas da igreja que não se concretizaram. A exemplo daqueles que não identificaram o Messias em Jesus e continuam a esperá-lo, pessoas há que se mantêm firmes na convicção de que a Igreja é a única detentora da verdade.

Finalmente existem os católicos não praticantes, mais receptivos às novas informações. A esses endereçamos as mensagens de esperança e neles encontramos forte apoio na divulgação do projeto *A Paternidade Divina.*

Há outros grupos indiferentes às verdades espirituais que repetem o comportamento que exibiram no plano terreno. Sem querer ser repetitivo, compreendo que novo aprendizado requer reforço permanente para compreensão e fixação dos novos pressupostos, portanto somos enfáticos e pacientes, visitamos os numerosos núcleos em expansão reafirmando o conteúdo evangélico.

É em nome de Jesus que agimos apoiados no convite do Mestre para pregar a boa nova. Todas as colônias são visitadas e os moradores são avisados com antecedência da presença da Caravana do Bem. Reunimo-nos a céu aberto e quando as estrelas aparecem nos encontram envolvidos com a mensagem evangélica. Seguimos o exemplo de Paulo apóstolo e pregamos sobre a vida do grande crucificado que se dedicou inteiramente ao esclarecimento dos irmãos encarnados.

Evitamos fazer preleções dentro de igrejas para que nossos assuntos não se contaminem com afirmações dogmáticas. Portamo-nos como missionários do amor fraterno que fazem revelações em nome de Deus-pai.

Após as palestras somos receptivos a perguntas que geram maiores esclarecimentos. Certa vez, uma senhora trajando-se como religiosa interrogou-nos perguntando:

– Se os senhores estão investidos de uma autoridade que desconhecemos, por que o papa não fez as mesmas advertências quando estava encarnado? Teria sido por receio de desafiar alguma autoridade?

Com o semblante sereno como sempre, João Paulo aproximou-se para responder:

– Minha irmã, quando estamos encarnados desempenhamos um papel ao qual devemos ser fiéis. Como condutor da Igreja romana naquela situação cabia-me a responsabilidade de manter a paz entre as nações sem esquecer de garantir a coesão dentro da Igreja. Naquela situação não tinha vislumbre do conhecimento que tenho agora, mas possuía intuições sobre o que dizer e o que fazer. Para mim eram inspirações do Espírito Santo, que agora entendo ter origem da Espiritualidade Superior que age em nome de Deus.

– Em algum momento o senhor teve receio de represália dos países poderosos? – insistiu a religiosa.

– Medo por mim nunca senti, mas agia de acordo com a consciência que devia colocar acima de tudo o bem maior, o bem coletivo. Organizações como Nazismo e Comunismo não seriam derrotadas pela arrogância de um pontífice, mas seriam colocadas sob controle pela força inspiradora da palavra correta proferida no momento exato.

Satisfeita com as respostas, a irmã cedeu lugar a um rabino, senhor de boa aparência que demonstrava pela indumentária a origem judaica. Com muito respeito, ele perguntou:

– Santidade, a Igreja Cristã nasceu no seio do Judaísmo, o senhor concorda? Até hoje, milênios depois ela exibe rituais semelhantes e indumentárias parecidas, só divergindo essencialmente no conteúdo. Enquanto ainda somos seguidores de Moisés, grande legislador, os cristãos se distanciaram seguindo os argumentos de Jesus. Como o senhor explicaria esta separação?

Aproximando-se, João Paulo cumprimentou o rabino com forte aperto de mão e passou a responder:

– Amigo, Jesus escolheu um lugar para nascer e sua escolha recaiu sobre o território habitado pelo povo judeu. Evidentemente teve os seus motivos. Nosso Mestre sempre estabeleceu a diferença entre os escritos antigos e a leitura que deles se fazia naquela situação. Os evangelhos são ricos de comparações como esta: "ouvistes o que foi dito aos antigos, não matarás, Eu, porém, vos digo que todo aquele que se irar contra o seu irmão será réu no juízo". Jesus veio para os seus, familiares e amigos inseridos na cultura judaica, mas trazia uma ordem nova, mais perfeita e condizente com o desenvolvimento espiritual que estava para estabelecer.

– De onde vinha a autoridade de Jesus para alterar a lei judaica? – perguntou o rabino sem expressar na voz qualquer tom de censura.

Compreendendo a sinceridade do líder religioso, João Paulo prosseguiu solícito:

– Veio de planos superiores. Os judeus consideram Jesus como mais um profeta porque reconhecem nele um mensageiro do Alto. Jesus não pretendeu destruir o Judaísmo, mas, sim, aperfeiçoar a Lei que havia se distanciado em essência da revelação mosaica. Por diversas vezes o Mestre chamou a atenção de sacerdotes e fariseus em razão do excesso de verbalismo contraditório, chegando a chamá-los de sepulcros caiados por fora que por dentro exibiam podridão.

– É lícito aceitar, então, que Jesus referendou o Judaísmo desde que expurgado de acréscimos indesejáveis?

– É um belo pensamento. Jesus não veio destruir, mas precisava aperfeiçoar a Lei. Ora, só se aperfeiçoa o que é essencialmente bom, mas carece de reparos. Jesus veio ao plano terreno como o Enviado perfeito de Deus, que transmitiu suas orientações sem risco de contaminações. É nesse sentido que vemos o Mestre como o médium de Deus, que captava com perfeição o pensamento divino e o decodificava para os homens. Completamente unido ao pensamento do Criador que Ele identificou como Pai, Jesus aprovaria qualquer credo religioso que tentasse conduzir as criaturas para Deus.

Parece que o rabino deu-se por satisfeito com a explanação de João Paulo. Na sequência, tivemos a manifestação de um senhor espírita preso à ideia de que o Espiritismo deveria conter a palavra final em matéria de revelação.

A esse espírita bem-intencionado respondeu um dos líderes da novel doutrina de Kardec. Sem posar como líder, mas como simples apóstolo do Bem, Irmão José encarregou-se da resposta.

– Irmãos espíritas, tenhamos em mente que a revelação de Deus aos homens teve início com Moisés e ganhou continuidade com Jesus. O apogeu veio com o Espiritismo e ainda não teve um ponto final. Estamos a caminho de maior conhecimento precisando compulsar livros e escrituras a fim de compreender o pensamento divino a respeito da origem e destino do ser humano. O Espiritismo não é obra acabada, embora as Leis Divinas reveladas pela notável doutrina sejam eternas e imutáveis. Pouco a pouco estão sendo as leis mais bem esmiuçadas e colocadas à disposição de mentes brilhantes que possam melhor compreendê-las. Todas as pessoas são convocadas ao conhecimento da verdade para gozar da liberdade interior dos filhos de Deus. Conheçam a verdade, disse Jesus, e essa verdade os libertará.

Dando ares de insatisfeito, o interlocutor do Irmão José tentou maior esclarecimento:

– Quer dizer que no futuro todas as religiões conhecerão as verdades reveladas pelo Espiritismo?

– Se Deus quiser, companheiro, este é o objetivo a que nos propomos: pregar a boa-nova a todas as criaturas, não deixando um segmento qualquer de fora por julgá-lo menos digno ou menos preparado.

– E se forem realmente menos preparados?

– Então será nossa obrigação prepará-los, em cumprimento à ordem de Jesus.

– Irmão José, somos responsáveis pelo Evangelho que não foi pregado?

– Amigo, se os seguidores de Jesus tivessem logrado uma eficiente divulgação dos ensinamentos dele é provável que a humanidade terrena, ao menos em boa parte, tivesse melhorado o padrão vibratório. É possível que os espíritas de agora tenham estado ao pé da cruz recebendo o legado amoroso do Mestre. Fizemos essa referência em uma obra nossa (*Encontro com a Luz*), onde narramos um pedaço de nossa vivência ao tempo do Mestre. Sintetizando o raciocínio, entendo que os cristãos da primeira hora ficaram devendo ao Mestre uma adesão firme e forte, necessária para a evolução do pensamento crístico entre os homens. Não nos julguemos agora, dois milênios após, seres privilegiados por sermos trabalhadores da terceira hora. Consideremo-nos, sim, devedores que tentam pagar as dívidas, o que poderemos fazer dedicando-nos integralmente às obras do bem. Nada mais de indolência e de desculpas esfarrapadas que tentam postergar para o amanhã o que podemos fazer hoje e que deveríamos ter feito ontem.

*

Irmão José foi um trabalhador da primeira hora do Cristianismo, causa que ele abraçou sem reservas e com empenho incondicional. Reportando palavras de doutor Bezerra, no livro *Encontro com a Luz*, do espírito Irmão José (1999, pág. 04), "ele dedica-se na atualidade a uma obra assistencial de relevante importância para a conversão das almas ao Cristianismo e consequente evangelização. Contemporâneo de Jesus absorveu como poucos seus ensinamentos e aplica-se em divulgá-los a vários povos, em diferentes épocas e lugares. Junto aos companheiros afins, encarnados e desencarnados, milita na seara espírita com o encantamento da primeira hora. Socorre os irmãos necessitados, esclarece e conforta os desiludidos, amplia os horizontes daqueles que buscam novos e mais profundos conhecimentos doutrinários. Sob o pseudônimo singelo revela-se alma generosa e bela, plena de amor e solicitude por todos os que anelam por consolo, luz e paz".

Atualmente coordena a militância espírita na adesão ao projeto cristão denominado A Paternidade Divina. Ao lado de numerosos e abnegados trabalhadores empenha-se em reformular conceitos deficientes em matéria de religião, permanecendo fiel ao desejo de Jesus de congregar a humanidade terrena ao redor do pastor divino – Deus, nosso pai!

Para atingir esse objetivo conta com mentores e amigos, personagens consagrados no meio espírita, tais como o médico dos pobres, Bezerra de Menezes, e o médium que revelou uma antena psíquica de inigualável alcance Francisco Cândido Xavier.

Podemos acrescentar espíritos de elevada grandeza aprimorados nas lides cristãs, que hoje se posicionam no movimento como faróis luminosos que ditam o rumo e norteiam os passos. Seria exaustivo e supérfluo registrar os nomes desses ilustres vanguardeiros ocultos em anonimato humilde que contribuem generosamente com a inteligência brilhante e os melhores sentimentos de amor fraterno.

O plano terreno tem recebido os eflúvios maravilhosos dessas mentes privilegiadas em vários setores da sociedade, onde fazem ressoar pensamentos cristãos sob disfarce de nomenclatura moderna, sendo alguns de aceitação geral: respeito às diferenças de raça, de cor, de religião e de gênero. É a voz de Jesus que mais e mais se amplia cobrindo todos os rincões do planeta. São irmãos nossos que tomaram conhecimento do pensamento crístico e cada um, a seu modo, empenha-se por colocá-lo em prática, visando ao bem-estar coletivo em detrimento de interesses pessoais.

13

ENFIM, NO MUNDO ESPIRITUAL!

Existem pessoas que aguardam ansiosamente o momento de se despojar do corpo de carne enfraquecido pela doença e achaques da idade.

Vitória é uma dessas criaturas desapegadas da vida física; ansiava pelo momento de despedir-se do plano terreno para adentrar o mundo dos espíritos. Em sua concepção fantasiosa alimentada por errôneas informações religiosas, o mundo que ela esperava teria alguma coisa de mágico, porque eliminaria os sinais da velhice e resquícios de qualquer doença que ficariam no corpo de carne ao ser conduzido ao cemitério.

Vitória foi uma boa pessoa e não carregava sentimentos de culpa em relação à vida futura. Sua religião exaltou o paraíso onde pretendia ser recebida por anjos e arcanjos, com direito a trombetas e tudo o mais...

Enquanto encarnada em sua longa vida ela fez o bem que pôde, que reconhecia ser pouco diante da necessidade do próximo. A anciã, em seu leito de morte pedia a Deus o perdão para os pecados, enquanto se julgava merecedora do céu por haver observado os mandamentos de Deus e lido a Bíblia de vez em quando. Como o corpo enfermo estivesse em condição precária ela ansiava pelo derradeiro momento da libertação.

Enfim chegou o dia sonhado. Recostada em pesados travesseiros, Vitória pressentiu o momento da partida e começou a despedir-se do mundo que estaria deixando. Com família criada e ausente, passara os últimos anos sob cuidados de empregados aos quais se afeiçoara como se da família fossem. Enquanto manteve as forças dirigiu a eles palavras de agradecimento, acompanhadas por cheques que comprovavam a gratidão. Os filhos estavam por chegar, mas a morte não esperaria por eles.

Espíritos amigos aproximaram-se do leito da anciã e anestesiaram seus sentidos para que pudessem recolher o corpo espiritual em relativa paz. Dias depois, Vitória acordou em clínica espiritual onde se encontrava para refazimento. O espanto foi muito grande ao dar-se conta da semelhança com hospitais terrenos, salvo em detalhes que no momento ela não logrou perceber.

"Sei que morri" – refletia, "mas por que tenho ainda este corpo envelhecido, por que sinto algumas dores e estou internada em um hospital? Onde está o paraíso? Será que nada fiz para merecê-lo"?

Vitória estava mergulhada nessas interrogações quando percebeu a figura de um médico ao lado da cama, de sorriso aberto no belo rosto moreno revelando simpática madureza.

– Bom dia, minha irmã. Como foi o seu sono? Recuperou-se bem?

– Como posso recuperar-me depois da morte, doutor? A morte não deveria ser o fim do sofrimento com a abertura da porta do paraíso? O senhor é um anjo ou um santo da igreja?

– Não, amiga, sou um médico no exercício da profissão. Olhe ao seu lado nesta enfermaria e verá o grande número de pacientes que devo atender.

– São todos doentes vindos da Terra?

– Nesta enfermaria sim. Estão despojados do corpo denso, mas trouxeram dentro de si, no corpo espiritual, muitas mazelas. Precisam de tratamento, assim como você.

– Nunca pensei que seria tratada após a morte!

– A morte, Vitória, não resolve os problemas alojados na alma. O corpo de carne pode falecer e ser descartado. A alma é eterna, é um sopro de vida que não tem fim. Enquanto não for perfeita poderá adoecer. Quando a alma adoece gera desconforto no organismo corporal que adoece em sequência.

– Quer dizer que meu corpo contraiu o câncer porque minha alma estava doente?!

– Sim, minha irmã, uma alma plenamente saudável manterá o corpo sadio. Veja Jesus que nunca adoeceu! Se não tivesse sido assassinado, como haveria de morrer? Não temos essa resposta.

Vitória calou-se e o médico entendeu que seria prudente deixá-la sozinha para refletir sobre as recentes informações. Sendo uma pessoa inteligente ela voltaria a fazer novas perguntas até obter respostas satisfatórias.

– Doutor, as pessoas que estão morando nesta cidade e receberam essas informações esclarecedoras não deveriam adoecer, o senhor concorda?

– Assim como os habitantes terrenos que são lembrados constantemente dos cuidados com a saúde e não conseguem colocá-los em prática. Vitória, existe uma grande distância entre o conhecimento e a prática! Nesta colônia espiritual próxima da crosta terrena os moradores apresentam um perfil psicológico e espiritual semelhantes entre si. Lembre-se que os residentes daqui estiveram na Terra até poucos anos atrás, trazem condicionamentos difíceis de erradicar, além de uma compreensão deficiente da vida espiritual. São pessoas em vias de aprendizado, não são anjos nem demônios. Todos trazem dificuldades inerentes ao estágio evolutivo.

– Começo a entender, doutor – admitiu a bondosa anciã, que no percurso terreno não recebera maiores esclarecimentos sobre a vida em outros planos.

*

Em seu tempo, Jesus dirigiu-se aos judeus que eram um povo de cultura bastante primitiva, embora fosse a melhor escolha que o Mestre poderia fazer. Por isso, Ele falou em parábolas, forma mais fácil de ser compreendido. No seu tempo, o Mestre acrescentava o fulgor do seu olhar, as irradiações poderosas do magnetismo ímpar, e o ensinamento ficou completo.

Partilhar com o Mestre daqueles inenarráveis acontecimentos, ouvindo sua voz cariciosa e sentindo o calor oriundo de sua energia possibilitou aos ouvintes interessados uma compreensão sem precedentes da filosofia e moral cristãs.

Com o passar do tempo e consequente ausência de Jesus, os futuros discípulos não puderam contar com a energia santificante que Ele prometeu deixar conosco até a consumação dos séculos.

Jesus é o mesmo dínamo mobilizador de forças desconhecidas do homem terreno, mas para uma união dar certo e continuar proveitosa é preciso que os agentes estejam interligados entre si e sejam movidos pelos mesmos sentimentos e objetivos.

Ao longo do tempo, homens terrenos que se disseram seguidores do Cristo desligaram-se do pensamento do Mestre, renderam culto ao próprio personalismo, acariciaram ídolos da vaidade e dos preconceitos, procurando formar neste mundo o reino que Jesus enfaticamente recusou-se a aceitar. Assim como uma corrente elétrica se anula quando os fios se separam da fonte, o pensamento que aqueles homens expressaram em nome de Jesus bem pouco conteúdo carregava dos ensinamentos primitivos.

Vieram guerras injustificáveis motivando as conquistas terrenas; houve a introdução no seio da humanidade de valores nada significativos quando comparados àqueles expressos pelo Homem de Nazaré, manso e humilde de coração.

Chegamos aos tempos atuais e ainda estamos à procura do Cristo, o Messias que o Pai enviou para dar o suporte necessário ao nosso pobre entendimento, malgrado a desconfiguração que o tempo e o apego ao ilusório criaram. Assim como na Parábola das Bodas contada no Evangelho, homens e mulheres ainda estão distraídos com relacionamentos, festas e competições. O tempo passou e o rebanho do Cristo não ampliou o seu tamanho, continuou pequeno e incapaz de fazer as mudanças necessárias.

Agora é a vez de o Espiritismo utilizar a mediunidade sublimada que interliga as almas numa verdadeira "comunhão de santos".

A mediunidade funciona em duas direções: de desencarnado para encarnado e deste para o mundo espiritual. A voz dos Espíritos torna-se a voz de Jesus esclarecendo e orientando, dando continuidade à missão de alavancar o mundo de expiações e provas para o novo patamar da regeneração.

Bons espíritos recorrem à boa vontade de médiuns, qualquer que seja a cultura ou a religião que professem. A idoneidade moral é a condição essencial para que haja a transmissão de ideias e de recados que possam chegar aos moradores do plano terreno ou aos residentes de outras colônias espirituais.

*

Vitória pouco a pouco se inteirava da realidade que encontrou no mundo espiritual, nada encontrando de condizente com as crenças muito severas em relação aos prêmios e castigos a serem impostos aos bons e maus.

A anciã compreendeu que os ensinamentos milenares de Jesus foram sendo modificados para se adequar à filosofia que dominava no plano terreno, no sentido inverso ao que Jesus pretendeu. O Mestre veio para modificar os corações e as atitudes dos homens, harmonizando-os ao plano divino que previu a evolução da criatura pela libertação da animalidade inferior e a introdução em patamar passível de angelitude.

No afã de libertar o homem de suas amarras ancestrais Jesus proclamou com ênfase aos seguidores "vós sois deuses". O Mestre se referia ao potencial humano de atuar sobre a natureza e sobre si mesmo, construindo uma realidade melhor do ponto de vista material e espiritual.

O ser humano atua sobre a natureza em qualquer dimensão em que se encontre, utilizando o material viável para construir cidades com viadutos, avenidas, arranha-céus e moradias modestas. Do ponto de vista psicológico esse mesmo ser irradia ao redor de si o pensamento contínuo, formulando filosofias que visam à melhoria de vida da sociedade ao mesmo tempo em que aprimora as faculdades mentais.

Tão grande crescimento não se efetuaria em uma única encarnação conforme tem alertado a Doutrina dos Espíritos, nem tampouco em um único mundo, como a Terra.

Percebendo o equívoco que grassa no meio espiritualista em geral, e no espírita, em particular, onde alguns pretendem que o planeta Terra seja o único agente de evolução, Mentores maiores decidiram que é chegado o momento de maior elucidação a respeito. O espírito cresce em todas as dimensões, revestido por carne densa como no mundo terreno ou envolvido da matéria mais leve do corpo espiritual. As normas evangélicas são vigentes em todos os planos; são válidas para o desenvolvimento dos talentos que permitem ao corpo e à mente a produção dos recursos necessários para a vida.

Somente o pensamento divino é plasmador. Deus não teve necessidade de servir-se de mãos para a construção do Universo. Bastou a energia de sua vontade criadora e a vida se fez por toda parte.

Ao homem foi dada a possibilidade de cocriar, na dependência da condição evolutiva. Em planos próximos da Terra é preciso colocar "mãos na massa", depois de haver pensado e planejado. É uma mistura de ação intelectual e braçal, que oferece opção do trabalho que burila a mente e aumenta o progresso.

Somente em regiões mais elevadas e etéreas o trabalho braçal é dispensável, pois prevalece a força da mente criadora. Não temos condição para avaliar o padrão de vida dos luminares da espiritualidade. Nossa proposta é de analisar e revelar aos irmãos na carne as condições encontradas no entorno terreno, local para onde se dirige o maior contingente dos espíritos que desencarnam no plano físico.

*

Não foi fácil para Vitória assimilar esse entendimento. Depois de muito pensar decidiu renovar os conhecimentos alijando, da mente, velhos e ultrapassados conceitos, que no fundo traduziam preconceitos e ignorância. Essa dificuldade grande parcela dos encarnados terrenos padecem quando são muito aferrados às informações religiosas.

Religiões dogmáticas prendem a mente do fiel dificultando a aceitação das novidades. É com frequência que os socorristas escutam exclamações deste gênero: "não foi isso que aprendi com sacerdotes e pastores, ou no colégio mantido por padres e freiras". Há desencarnados que lutam com todas as forças para vencer o sono, porque aceitaram que morrer é mergulhar no sono eterno até o juízo final. Ideias muito fortes hipnotizam a criatura que tudo fará para a concretização dos eventos nos quais acredita.

Para a felicidade dela, Vitória possui natureza afável e inteligente. Quando topou com uma realidade diferente quis se inteirar a respeito, buscando o conhecimento. Frequentou encontros destinados aos estudos e leu, com sofreguidão, o Evangelho Segundo o Espiritismo e demais obras de Kardec. Em companhia de sábios coordenadores formulou as perguntas certas e recebeu orientações precisas. Em pouco tempo, a inexperiente mulher estava apta ao entendimento e à tarefa de auxiliar.

Quando saía às ruas ela contemplava os arranha-céus e perguntava sobre a funcionalidade dos prédios públicos. Surpresa, verificava que a vida administrativa ao redor era rica e organizada, distante da burocracia terrena que entrava o progresso.

Havia muita coisa a admirar e, mais que isso, o momento se fez propício para maior reflexão sobre o mundo novo que estava se descortinando para ela e milhares de recém-desencarnados que não se prepararam para a continuidade da vida.

Agora abro um parêntese para relembrar as surpresas que me aguardavam para além da morte física. Era muito jovem, "molecão" no sentido literal do termo, despreocupado com o lado sério da existência. Sem ter sido irresponsável ou inconsequente, encontrava tempo para as gozações e fazer pilhérias era fácil para meu temperamento.

No apogeu da juventude veio a desencarnação. Se foi angustiante para os atordoados pais, para mim foi a chance de encarar a nova vida com seriedade, fazendo despertar o lado do pesquisador e do cientista que busca resposta para tudo e depois filosofa sobre os acontecimentos. Tenho afirmado que a desencarnação não muda essencialmente a personalidade, mas a enriquece com conteúdos adormecidos adquiridos em outras existências.

Esta regra é válida para todos e este é o motivo pelo qual as comunicações aos familiares podem revelar discrepâncias e dúvidas quanto ao autor da mensagem. Meus primeiros livros revelavam um estado de espírito curioso e perplexo diante do novo mundo encontrado. Aos poucos, a perplexidade cedeu lugar à segurança e os estudos substituíram os arroubos da curiosidade. Quanto mais estudava maior se tornava a motivação para continuar na busca por respostas, e foi assim por muitos anos.

Hoje ainda me considero um aprendiz no mundo espiritual, a quem foi concedida a honra de dialogar com honoráveis mentores e de colher lições de sabedoria que compartilho de boamente com os leitores.

*

Voltando ao nosso relato, vemos Vitória percorrer com ansiedade as ruas arborizadas que muito bem promoviam aos pulmões da veneranda senhora. Aos poucos, ela foi se fortalecendo e ganhou um aspecto jovial na aparência pela eliminação dos tóxicos remanescentes do corpo físico. A renovação celular também se processa por aqui, por isso a pessoa se sente rejuvenescida.

Quem se aproximasse de Vitória naquele momento não haveria de reconhecê-la pelo antigo porte alquebrado, mas a veria de forma ágil percorrendo o novo mundo cheio de surpresas e alegrias.

A maior surpresa que acomete o recém-desencarnado é a constatação de que a vida continua e a maior alegria é perceber que vive em um mundo bem-estruturado, além das expectativas.

Nesse contexto, vemos Vitória se questionando sobre como deveria levar a vida dali para a frente e quais as chances de encontrar o antigo companheiro com quem conviveu por trinta anos. Arthur, o antigo companheiro era médico residente na mesma cidade espiritual. Ao desencarnar fixou-se na colônia, e com o passar do tempo preparou-se para clinicar. Ampliou conhecimentos por meio de vários cursos até que se sentisse apto a exercer a profissão.

Vitória não sabia que, ao desencarnar, um antigo companheiro pudesse optar pela quebra dos votos realizados em vida. Ela acreditava em laços eternos, como a maioria dos encarnados. Passou seus últimos anos alimentando a ideia do reencontro e ficou muito surpresa ao verificar que o antigo esposo vivia agora com uma companheira e trouxe ao mundo duas lindas crianças.

Ao decidir-se por fazer uma visita à ex-companheira, Arthur conduziu pela mão a filha caçula que apresentou à tia Vitória, uma amiga de tempos passados. Para a garota a ocasião foi normal; para Vitória foi um misto de surpresa e frustração.

– Então aqui é assim, Arthur? Você não se sentia mais casado e com facilidade colocou alguém em meu lugar?

– Não fique ressentida, Vitória. Não coloquei alguém em seu lugar. Amei e respeitei nosso casamento enquanto estivemos juntos. Chegando aqui reencontrei Ofélia, antigo amor de minha vida.

– Simples assim? A moralidade aqui é outra? Não respeitam os votos católicos?

– Temos total liberdade de definir os rumos de nossa vida. As regras impostas pela Igreja romana não têm força entre nós. Aliás, nenhuma religião está no comando de nossa sociedade. Os poderes político e religioso estão de fato separados.

– Quer dizer, Arthur, que se nada mais somos um para o outro devo seguir meu caminho sozinha...

– Sozinha não, Vitória, serei, do lado de cá, seu melhor amigo. Estou preparado para lhe oferecer assistência médica e financeira até que você se estabeleça por completo.

– Sua esposa concorda com você? Não quero ser motivo de ciúme.

– Não fique preocupada. Ofélia se preparou para recebê-la como irmã.

*

Foram feitos acertos e em pouco tempo Vitória revelou força e determinação. As autoridades colocaram-na em contato com familiares e amigos que a receberam no lar e com os quais teve oportunidade de bem posicionar-se naquela cidade espiritual. Aprimorou conhecimentos de enfermagem e arranjou colocação na clínica de doutor Arthur, com quem manteve relacionamento fraterno a desinteressado.

Há casais que se reencontram e optam por permanecer unidos, dando continuidade à vida amorosa que a morte não logrou separar.

Existem os adultos que permanecem solteiros, distantes de qualquer compromisso afetivo, como acontece no plano terreno. Há outros tipos de relacionamento amoroso que merecem respeito e aceitação social, distantes dos preconceitos vigentes no meio terreno.

Em síntese, a realidade espiritual não está totalmente desvinculada dos padrões de comportamento terreno. A mudança de hábitos acontecerá com o amadurecimento do espírito e aquisição de outros valores, sempre de forma gradual, sem violentar psiquismos ou consciências. A saúde mental do ser humano exige esse cuidado!

14

Últimas Considerações

Por que fui escolhido para fazer a síntese dessas novas informações? O plano espiritual no qual sou um simples morador está repleto de bons escritores entre os quais me coloco como o menor.

Por questão de disponibilidade e de envolvimento com a causa da paternidade divina o filho de dona Zilda foi convidado para coordenar esses temas, apresentando-os de forma clara dentro dos propósitos dos Espíritos Superiores que levam a sério a educação dos espíritos terrenos.

Entendemos que o momento seja ideal em virtude das crises que atravessam as instituições humanas, situação que predispõe os espíritos à maior reflexão sobre o que é certo e errado, o que é viável ou prejudicial à sociedade. A expectativa da mudança de era favorece a compreensão das revelações necessárias para facilitar a transição. É fácil admitir que, enquanto o plano terreno vai se modificando, o plano espiritual passa por melhoria de qualidade e expansão numérica.

Como afirmam nossos mentores, povo instruído é povo que conhece o rumo que a vida deve tomar e que se prepara para melhor posicionamento no projeto da criação divina. Não é admissível que significativa parcela da humanidade ignore a existência do espírito e sua destinação como espírito imortal. Como melhorar o comportamento e ajustar as atitudes se ignora, consciente ou inconscientemente, a vida perene e concreta que se tem após a morte do corpo de carne?

Evangelizar significa pregar a boa nova divulgada há milênios. Na época, Jesus falou aos homens que tivessem olhos para ver e ouvidos para ouvir. As coisas não são perfeitas atualmente, mas o entendimento é maior, a inteligência está mais bem elaborada e os valores sociais se inclinam para a democracia que prega o direito de todos à informação.

Por que os Espíritos do bem haveriam de se calar? A mediunidade expande-se no dia a dia possibilitando a manifestação das vozes do céu. É mais uma chance que a humanidade tem de receber, de se instruir e se preparar para as ocorrências que chegarão.

Ao nosso lado, solidários como sempre, pudemos contar com orientações inestimáveis dos amigos Irmão José, Bezerra de Menezes, Francisco Cândido Xavier e João Paulo. Atentamente, esses luminares da espiritualidade compareciam às reuniões agendadas para fornecer apoio e esclarecimentos.

Embora distanciados do plano dos encarnados, a ausência desses mentores é apenas aparente. Com a percepção dilatada por amplos poderes mentais, eles observam, intuem e estimulam as boas ações.

Jesus afirmou que onde duas ou mais pessoas se reunissem em seu nome Ele se faria presente. De fato isso está acontecendo, pois os verdadeiros representantes do Cristo estão se aproximando cada vez mais, cumprindo a promessa do Mestre de permanecer entre nós até a consumação dos séculos.

Em conjunto, reafirmamos o nosso desejo de paz para todos!

Luiz Sérgio, 01 de janeiro de 2017.